高校篮球运动教学与训练研究

孙 静 ◎ 著

吉林出版集团股份有限公司

图书在版编目（CIP）数据

高校篮球运动教学与训练研究 / 孙静著. — 长春：吉林出版集团股份有限公司，2022.9
ISBN 978-7-5731-2152-3

Ⅰ．①高… Ⅱ．①孙… Ⅲ．①篮球运动－体育教学－教学研究－高等学校②篮球运动－运动训练－教学研究－高等学校 Ⅳ．①G841.2

中国版本图书馆 CIP 数据核字 (2022) 第 174512 号

高校篮球运动教学与训练研究

著　者	孙　静
责任编辑	陈瑞瑞
封面设计	林　吉
开　本	787mm×1092mm　1/16
字　数	220 千
印　张	10.25
版　次	2022 年 9 月第 1 版
印　次	2022 年 9 月第 1 次印刷
出版发行	吉林出版集团股份有限公司
电　话	总编办：010-63109269
	发行部：010-63109269
印　刷	廊坊市广阳区九洲印刷厂

ISBN 978-7-5731-2152-3　　　　　　　定价：68.00 元

版权所有　侵权必究

前　言

　　篮球运动深受广大人民群众的喜爱，在我国有着十分广泛的群众基础。其本身所具有的时空对抗、集体协同、健身娱乐等特点，不仅有利于人们提高身体健康水平、增强运动能力，还有利于人们保持心理健康，培养良好的意志品质以及提高自信心。可以说，篮球运动对于人们身心素质的全面发展起着十分积极的促进作用。

　　近年来，我国的篮球运动水平尽管有了较大的提高，但是我国在高校篮球教学和实践训练中要重视对篮球运动员技战术的培养，加强对现代篮球技战术的创新，从而更好地提升我国篮球运动的技战术水平，缩小与世界篮球强国的发展差距。

　　然而，随着高校篮球运动向高、快、凶、猛、全等方向的发展，传统的篮球运动训练已经很难适应高校篮球运动发展的步伐。我们结合以往篮球运动训练的经验和最新的研究成果，通过深入的研究和探索，撰写了《高校篮球运动教学与训练研究》一书，以便为众多篮球运动爱好者提供详细科学的训练指导，使其熟练掌握篮球运动科学训练方法，以促进我国高校篮球运动训练水平的进一步提高。

　　高校篮球技术呈现攻防技术日趋全面、速度加快、对抗日趋激烈等发展趋势，而篮球战术中的机械分工消失，以快速争夺时空权、阵型与队形有机组合、集体和球星完美结合等为特点的现代篮球战术日益形成。面对现代篮球技战术的这些变化，我们必须深入地分析，推广先进的篮球技战术，以便适应不断变化的篮球实战情况，提高篮球爱好者和篮球运动员的技战术水平，推动我国篮球事业的发展。

　　本书在编写过程中，参考、引用了相关学者的研究成果及有关资料，在此表示衷心的感谢！由于笔者水平有限，书中错误或不妥之处在所难免，敬请各位专家和广大读者批评、指正。

目录

第一章 篮球运动概述 ... 1
第一节 篮球运动的起源与发展 ... 1
第二节 篮球运动的特点与作用分析 ... 6
第三节 中国篮球运动 ... 19

第二章 高校篮球运动教学开展的基本理论 ... 21
第一节 高校篮球运动的教学任务与内容 ... 21
第二节 高校篮球运动的教学原则与方法 ... 24
第三节 高校篮球运动教学模式及其选择 ... 31

第三章 高校篮球运动教学开展与组织实施 ... 36
第一节 篮球运动负荷及其合理安排 ... 36
第二节 高校篮球运动教学课的组织与实施 ... 39
第三节 高校篮球运动教学课的实践指导 ... 49

第四章 高校篮球运动的安全营养保健 ... 58
第一节 高校篮球运动的合理营养补充 ... 58
第二节 高校篮球运动的疲劳与消除 ... 66
第三节 篮球运动损伤及其预防 ... 72

第五章 高校篮球运动的体能训练研究 ... 80
第一节 高校篮球运动的体能要求 ... 80
第二节 高校篮球一般体能训练方法 ... 82
第三节 准备活动、放松运动与拉伸技术 ... 86
第四节 篮球运动员力量训练 ... 90
第五节 篮球运动员速度及速度耐力训练 ... 99

  第六节 篮球运动员灵活性训练·············105

  第七节 篮球运动员有氧耐力训练·············109

第六章 现代高校篮球技术教学训练·············115

  第一节 篮球技术概述·············115

  第二节 篮球进攻技术教学及训练·············117

  第三节 篮球防守技术教学及训练·············128

第七章 篮球基本战术及演练模式·············130

  第一节 进攻战术基础配合·············130

  第二节 防守战术基础配合·············133

  第三节 快攻·············135

  第四节 防守快攻·············139

  第五节 半场人盯人防守·············142

  第六节 进攻半场人盯人防守·············145

  第七节 区域联防·············148

  第八节 进攻区域联防·············152

参考文献·············154

第一章　篮球运动概述

第一节　篮球运动的起源与发展

一、篮球运动的起源

篮球运动是在一定的历史条件下产生的，伴随着19世纪中叶工业革命的进行，人们的思想观念发生了重大的变化，追求健康、文明、进步和富裕的生活方式成为时代发展的新潮流。另外，美国由于经济的发展和国力的增强，科教文化事业也受到了空前的重视。这些都为篮球运动的产生奠定了坚实的基础。

在美国马萨诸塞州的斯普林菲尔德学院中，有一位体育教师名叫奈史密斯，他非常重视青少年身心的全面发展，主张通过体育锻炼来达到培养学生心智的目的。

但是由于马萨诸塞州的地理因素，这个地区的冬季通常较为寒冷，又赶上了特大的暴风雨，因此在美国比较流行的棒球运动不得不暂时停止，一到这个季节，原本在户外的体育课就不得不转为在室内进行古典体操运动。

然而学生普遍对这项运动感到厌烦，参与古典体操运动的学生越来越少。为了解决这一问题，奈史密斯博士根据学生在大学时代大多都有运动经历的特点和冬季室外开展活动困难的情况，考虑设计一项适合冬季在室内进行比赛的运动项目。这一运动项目就是现代篮球运动的雏形。

奈史密斯博士根据当时的实际情况，为篮球运动的设计提出了三个基本要求：

（一）保持文明的硬性要求

去除野蛮，将人们对当时的体育运动（如橄榄球运动）中各种粗野行为的恐惧心理消除掉。

（二）不受外界因素影响的自身因素

新设计的运动应不受季节气候影响并可在室内和晚上进行。

（三）保证每个人参与权的公平性

要不断改进训练内容和方法，让不同年龄、性别的人都参与到运动中来。

在以上几方面要求的影响下，奈史密斯博士从工人和儿童用球向桃篮内做投准的游戏和他小时候在家乡玩耍时用石头向立在高处岩石上的石块抛掷"打落野鸭子"的游戏中受到启发，并且综合了曲棍球、橄榄球、足球等游戏的特点，设计了根据投掷准确性的程度来计分并决定胜负的新游戏。

综上所述，现代篮球运动是由游戏发展而来的，正是这个在当时看似有趣、可玩性很强的游戏，发展到今天成为在世界范围内最具有影响力的运动之一。

二、篮球运动的发展

篮球运动至今已有100多年的历史。在这100多年的发展过程中，篮球运动经历了各种发展变化，其发展阶段可分为以下几个时期。

（一）初创探索时期

篮球初创探索时期为19世纪90年代至20世纪20年代。

篮球运动自产生后很快便广为传播。由北美地区开始，最先广泛流行的就是美国和加拿大的许多地方。这一时期篮球运动发展的主要特点表现在以下两个方面。

1. 没有明确的游戏规则

没有明确的游戏规则，无人数和场地设备限制。初创时期的篮球运动并没有相对明确的规则，而且活动场地也没有限制，活动的人数也有很大的不确定性。当时是在一块相对狭长的空地两头各放置一个桃筐，参与这项运动的人平均分为两队，这两队人员，在两端站成一排，当有人把一种我们称之为"类似篮球"的圆形物体抛向场地的中间时，两端的人便开始跑向这个物体，当这个物体被放到筐中的时候，便计一分，累计得分比较多的队伍便获得胜利，每放到筐里一次，游戏则重新开始。

奈史密斯将比赛场地按照进攻方向分为后、中、前场，同时确定了比赛的要求，如不准个人持球跑、限制攻守对抗中队员间身体接触部位，以及对悬空的篮筐装置做出了明确的要求等。

2. 制订场地设备和人数等规则

在活动实践中逐渐增加了一些关于场地设备、人数等的规则要求。具体来说，主要表现在三个方面：

（1）场地有了大小规定。（2）篮筐可设置于地面，也可悬于空间靠挂。（3）游戏时的动作行为也有了简单的要求等。

关于必须执行的比赛规则，直到20世纪20年代才在美国国内得到统一，其中比较重要的几项规定有：

（1）比赛时间分为前后两节，各15分钟，节间休息5分钟。（2）某方队员累计犯规3次时，判对方投中一个球。（3）可以用单、双手运球，但不允许用脚踢球，也不可以用手或者是脚对对方的球员进行推搡或者捶打，如果发生这样的情况就会被记一次违规，当同一个人在一场比赛中出现两次违规的时候，就会被停止参加比赛，直到对方进球之后才被允许继续参加比赛。（4）产生故意或具有伤害性的犯规时，取消犯规者该场比赛的资格，而且不得换人。（5）掷界外球规定在5秒内完成；超过5秒时，裁判员可判为违规，由对方发界外球。（6）比赛结束双方打成平局时，若双方队长同意，可延长比赛时间直至先投进一个球的队为胜等。

后来，随着比赛规则的不断变革，比赛场地也得到了进一步的改进，具体来说，主要体现在以下几个方面：

（1）增加了各种区位的限制线，比如中圈以及罚球线，随之又增加了中线。（2）篮圈也使用了较规范的铁圈，篮圈后部的挡网也被木质制作的不规则挡板替代并与篮圈连接，近似于现代所使用的篮板装置。

比赛场地有了进一步的改进之后，竞赛程序也有了一定的变化。

美国组队在第3届奥运会上举行了国际上第一次篮球表演赛。至20世纪20年代末，尽管国际上还没有形成统一的规则，但有一些基本的规则已经确定。比如，上场队员已基本定为5名，球场有了电灯泡式的限制区，罚球时的攻、守队员分列站位。

篮球运动显著的趣味性特点，使得其在美国各类学校中得到了迅速的推广，在这样迅速的发展势头下，20世纪30年代职业篮球队联赛开始举办。另外，这一时期，随着美国文化的扩张，通过基督教青年会组织以及教师、留学生间的交往，篮球运动开始先后向美洲、欧洲、亚洲、大洋洲及非洲个别国家和地区逐渐传播，为下一时期的进一步发展打下了坚实的基础。

（二）完善传播时期

篮球运动的完善传播时期为20世纪三四十年代，这一时期是篮球运动发展的第二个时期，其发展特点主要表现在以下两个方面。

（1）篮球运动向世界五大洲传播以后，逐渐被各国青年人所喜爱，并在日内瓦成立国际业余篮球联合会。（2）攻守技术动作增多，掀起了第一次发展高潮，并开始出现基础战术配合。

在20世纪30年代以前，篮球运动的技术还较为单调，而且基本没有战术的参与，更多的是依靠强壮的身体和身高优势强行进攻。进入20世纪30年代以后，篮球运动中单兵作战的基本形式逐渐被掩护。

这一时期，篮球运动中的攻守技术动作增多，基础战术配合也开始出现，这也在一定程度上标志着第一次发展高潮的到来。

第11届奥运会将男子篮球列入正式比赛项目，奥运会后国际业余篮球协会宣告成立，对比赛规则做了统一规定并不断充实。这也标志着竞技篮球运动正式诞生，并成为一项现代竞技运动，开始登上国际竞技舞台。

到了20世纪40年代，在篮球技术、战术的不断演进、发展和高大队员的涌现等因素的影响下，比赛规则又得到了进一步的充实和完善。其中，改进较为显著的有以下几个方面。

（1）严格了侵入犯规罚则和违例罚则。（2）篮板有了规范的长方形和扇形两种。（3）球场上的中圈分为跳圈和禁圈两个同心圈，球场罚球区的两侧至端线明确分设了争抢篮板球的队员分区站位线等。

除上述三点改进外，篮球运动的技战术也得到了较好的发展，并且逐渐形成体系，向着集体对抗性方向发展。到20世纪40年代末，很多战术阵型和配合打法被世界各国的篮球队所运用，其中较为突出的战术主要有进攻中的快攻、掩护、策应战术，防守中的人盯人防守、区域联防等，这也标志着篮球运动进入了完善、推广的新时期。

（三）普及发展时期

普及发展时期为20世纪50—60年代末。这一时期是篮球运动发展的第三个时期，其发展特点主要表现在以下两个方面。

（1）全球近百个国家与地区已经开始广泛流行篮球运动，各大洲国家组织了频繁的竞赛活动，男女世界篮球锦标赛试行，篮球运动逐渐得到普及。（2）篮球技术、战术创新发展，比赛场地设施及处罚规则进一步完善，进一步促进运动技术、战术的快速发展，形成了科学的攻防体系。

进入20世纪五六十年代后，篮球运动在全球近百个国家与地区广泛普及，包括了大部分发达国家和发展中国家。在这一阶段，越来越多的各种级别的篮球赛事被组织起来。其中，代表世界篮球最高荣誉的男女世界篮球锦标赛也开始试举办，篮球运动逐渐家喻户晓。

在阿根廷与智利举行了第1届世界男篮球锦标赛和世界女篮球锦标赛，这两届比赛均呈现出了高大球员雄霸篮坛的趋势。

这在一定程度上冲击了国际篮球运动，并且使得篮球规则在场地、区域划分和时间上对进攻队加强新的限制，其中表现得较为突出的有：第一，50年代将篮下门字形限制区扩大成梯形限制区，一次进攻限制为30秒；第二，进入60年代中期也曾一度取消中场线，至60年代末又恢复了中场线等。攻守区域的限制、高度与速度的交叉渗透互相促进。

到了60年代末，世界篮球运动的战术打法开始呈现出不同的特点，其中较为显著的有三种类型：一是以美国队为代表的高度与技巧相结合的美洲型打法；二是以苏联队为代表的高度、力量和速度相结合的欧洲型打法；三是以韩国、中国队为代表的矮、快、准相结合的亚洲型打法。这三种战术打法的出现标志着篮球运动进入普及与发展时期。

（四）全面提高时期

全面提高时期为20世纪七八十年代，这一时期是篮球运动发展的第四个时期，其发展特点主要表现在以下两个方面。

（1）随着篮球比赛规则的数次修改，增加了追加罚球和3分球的规定，调整了进攻时间，提高了攻防转换速度，重新构建了篮球技战术新体系。（2）出现了第二次发展高潮，其标志是20世纪70年代中期女子篮球运动被列为第21届奥运会竞赛项目，并逐步向男子化靠拢。

进入20世纪70年代以后，身高优势越发被篮球界所重视，2米以上队员大量涌现于篮坛，篮球竞赛的空间争夺进一步激烈。竞赛规则又有了进一步的调整和改进，具体来说，主要体现在两个方面：一方面是对犯规的判定方法做出了数次调整；另一方面则是增设了追加罚球的规定。这促使防守和进攻技术与战术在新的制约条件下，转向既重视高度又重视速度，既促进进攻又鼓励防守，使攻守平衡发展，同时又有力地促使运动员由平常的体能素质、身体形态、技术应用型向技巧、智慧以及多变的综合型方向发展。

尤其是第21届奥运会增加了女子篮球比赛和第8届增加了男子世界篮球锦标赛后，逐渐展示出了现代篮球运动向立体型的当代化发展的新特点、新趋势。具体来说，主要表现为：高身材、高技巧、高速度、多变化、大比分、高空技术。

到了20世纪80年代，这一趋势和特点则更为突出与明显。为此，20世纪80年代中期又对篮球竞赛进攻时间、犯规罚则等规则做出了新的修改，场地规定了远投区和三分球规定等，现代篮球运动进入更高水平的全面提高和发展时期。

（五）创新发展时期

创新发展期为20世纪90年代至今。这一时期是篮球运动发展的第五个时期，国际奥委会解除了禁止职业运动员参加奥运会的禁令。在此后的第25届西班牙巴塞罗那奥运会上，以乔丹、约翰逊等为代表的美国"梦之队"向世界展示了最高水平的篮球技艺，他们引发了国际篮球界的巨大轰动，将这项运动技艺展现得更加充实完美，战术打法更为精练、多变、实用。

这一时期，不仅男子篮球职业化发展较好，受其影响，女子篮球也有一定程度的发展，并逐步向职业化的方向努力。

美国率先组织了女子职业俱乐部（WNBA），举办了女子职业联赛。欧洲、亚洲等地也陆续出现女子职业俱乐部，并举办女子职业联赛，实行某些新的规定。具体来说，主要表现在以下几个方面：

（1）比赛分为4节，每节比赛时间10分钟。（2）将球队每次进攻的时间从30秒缩短为24秒。（3）球由后场进入前场的时间限为8秒。（4）各队每节如果有4次犯规，对以后发生的所有犯规都要处以两次罚球。（5）奥运会和世界锦标赛可以实行3人裁判制度。（6）各队交替拥有球权等。

从上述内容可以看出，无论男子或女子，现代篮球运动的发展方向都是智、高、快、全、准、狠、变和技术、战术运用技艺化与各种风格、不同打法以及高度文化性、高度观赏性、高度商业性。

第二节　篮球运动的特点与作用分析

一、篮球运动的特点

（一）比赛的观赏性

篮球运动作为一种社会文化形态，具有很高的技艺性与观赏性，篮球运动能充分展现出人的心灵气质和优美形态。另外，众多篮球明星队员的出现为比赛注入了强心剂，大大增强了比赛的观赏性。篮球运动场上，比赛情况是千变万化的，失败者的沮丧、胜利者的喜悦，都使人难以忘怀，这充分表明篮球运动具有极强的观赏价值，这也是篮球运动赖以发展的基础之一。如NBA前球员乔丹、约翰逊等世界优秀篮球运动员，将篮球技术、智慧的运用升华到了艺术的境界，这不仅仅体现了个人的才华，而且给人以艺术的享受、智慧的启迪。

（二）运作的商业性

职业篮球运动员可以参加奥运会等世界大赛，对世界篮球运动的进一步发展与提高起到了强大的推动作用。随着篮球运动职业化程度的不断发展，各国相继建立起自己的职业联赛，如NBA是当前发展得最为迅速、影响力最大的职业联赛，我国的CBA联赛在近年来也得到了快速的发展。

因此，国内外重大篮球竞赛组织者以电视转播、广告宣传、运动服装、体育器材、体育彩票等方面进行体育经纪活动，并通过经纪人开展营利性的经营和操作。这表明篮球运动具有商业性的特点，这也是篮球运动发展的新趋势之一。

（三）组织的集体性

篮球运动是同场对抗性项目，整个运动过程都充满着激烈的对抗，随着篮球运动水平的不断提高，这种对抗性越来越强。

因此，要想在比赛中占据优势和取得胜利，球员不仅要有精湛的个人技术，更要有默契的集体配合。所以，现在的篮球运动队都特别提倡集体主义精神。

（四）运动技能的开放性

在篮球比赛过程中，技战术运用的条件和时机存在着较大的差别。技术动作的组合结构与练习过程中的技术动作组合结构总因时间、位置、对手等外部情况的不同而发生变化。

战术配合的安排和运用并不是一成不变的，在大多数情况下都要求运动员根据场上的具体情况做出准确的判断、抉择，灵活地贯彻教练员的意图。它们只有有机结合起来、相互依托，才能构成外显的竞技能力。

（五）竞争的对抗性

篮球运动是一项直接发生身体接触的对抗性项目，攻守的强对抗是其基本规律和特征。这种对抗表现在有球队员之间的对抗，无球队员之间的对抗，争夺篮板球之间的对抗，教练员之间的谋略对抗，双方队员思想作风和意志品质的对抗上。对抗是竞争的一种高层次表现形成，通过对抗培养球员的竞争意识和能力，这种意识和能力也是现代素质教育的重要组成部分。

（六）篮球战术的多变性

篮球运动是以手控制球，并围绕着投篮得分展开攻守对抗。因此，技术动作复杂多样也造就了战术多变性的特点。篮球赛场上的情况变化万千，围绕着空间瞬时变化展开的地面与空间、单兵与集体配合相结合的攻守立体型对抗方式，是现代篮球运动的重要特征之一。在大多数情况下，固定的模式、不变的打法是难以应对比赛需要的，篮球战术的运用必须富有灵活性与机动性。运动员要根据比赛的具体实际情况，随机应变，提高临场应变的能力，灵活地运用和变换战术，只有这样才能为比赛的胜利打下良好的基础。

（七）比赛的职业化

自从现代职业篮球俱乐部成立以后，随着竞技运动水平的不断提高和比赛制度的逐渐森严，现代篮球运动在世界范围内得到了快速的发展。

运动员智能、体能和技术、战术水平的提高，在篮球运动的职业化进程中起到了重要的催化作用。在20世纪末期，职业篮球俱乐部如雨后春笋般涌现，美洲、欧洲、大洋洲、亚洲等地区的职业篮球俱乐部相继建立起来，在国际奥委会同意美国NBA

职业球员参加国际大赛后，现代篮球运动进入了一个新的起点。发展到现在，全球职业化之篮球已发展为一项新的产业。这是篮球运动发展的一个新特点。

（八）运动的快速性

篮球比赛中一次进攻必须在24秒内完成，否则就算犯规，这就给篮球运动提出了更快的速度要求。

在保证快速性的前提下，篮球运动要继续加快进攻速度，争取主动控制权；继续提高运用技术和战术间衔接的速度；继续提高攻守转换速度等。这些都赋予了篮球新的含义，高质量的快速技术，有节奏的快速转换攻守配合，快速、强攻等成为各国优秀篮球队伍必须努力的奋斗目标。

（九）篮球活动的娱乐性

篮球运动最初就是一项活动性游戏，是一种人们喜闻乐见的全民健身娱乐手段。在后来的发展和演变进程中，篮球的娱乐性特征始终占据着一定的位置，是篮球赖以生存和发展的重要因素。

从事篮球运动的人能从中得到自我价值，愉悦身心，促进身心健康发展，而观看篮球比赛的人也能从中得到鼓舞、力量和快乐，丰富自己的业余生活，使自己得到满足和自信。

（十）运动的教育性

在篮球运动的发展过程中必然会包含丰富的教育内容，所以我们可以很肯定地说，篮球运动对于提高人们的社会素质、加强人们的相互交往以及增强人们的民族意识和国家荣誉的责任感都有一定促进作用。

篮球运动是一种集体性的训练和比赛形式，要想获得篮球比赛的胜利一定要靠队员之间的配合与协调以及教练员的战术运用。我们可以把这种战术动作的配合视作队员之间的一种道德情感、共同的荣誉感和责任感，如果忽略了集体的荣誉感，一味地表现自己，影响了比赛的整体性必将会受到公众的批评和斥责。

（十一）知识的多元性

现代篮球运动具有内容结构的多元性和综合化的特点，形成了自己独特的理论和技术、战术体系。发展到现在，篮球已成为一门交叉性较强的学科课程，篮球运动方面的知识开始向多元化方向发展。知识的多元性要求运动员和运动队必须具备特殊的运动意识、集体的团队精神、个性气质、身体形态条件、生理机能、心理品质、道德作风，全面身体素质、专项技术与战术配合方法体系及实战能力等。

二、篮球运动的作用

篮球运动具有多种功能和价值，大致可概括为身体、心理和社会适应三个方面，具体如下。

（一）篮球运动对心理素质的影响

1. 篮球运动有助于增强健康幸福感

健康幸福感又称为心理自我良好感，是指与积极参加身体锻炼有关的某种兴奋、自信和自尊的情绪和态度体验，是心理健康的重要标志之一。

健康和幸福的指数和体育锻炼是分不开的，积极地参加锻炼，对于幸福感和健康指数的提高有着很重要的作用。我们不难发现，生活在我们身边的人，能够积极参加运动训练的人和没有积极参加运动训练的人相比，积极参加运动训练的那些人对于自己的感受和评价更加积极，这种积极性在女子的身上表现得尤其明显，产生这种情况的原因我们不得而知，主要是由于锻炼身体产生了心情上的愉悦，其中也有可能是在进行身体锻炼的时候，女子的投入要比男子的投入更加深入。

积极地参加身体锻炼对幸福感的产生有很大的影响，其中的原因有可能来自生理上的、心理上的和社会上的三个方面，也有可能是三者共同作用的结果。需要特别注意的是健康幸福感的逐渐增加实际上和消极情绪的减少也有一定的关系。有关的研究表明，一个人参加身体锻炼30分钟，他的紧张、焦虑、愤怒等不良的情绪就会得到明显的改善，同时这个人的精力也会变得旺盛。

当一个人的紧张、焦虑、愤怒等不良情绪减少的时候，本身也就相当于健康幸福指数的增加。在篮球运动中，当一个技术或者战术运用成功之后，甚至是在取得一场篮球比赛的胜利之后，个人的自我欣赏就会体现出来，并且把这种信息传递到人的大脑中去，紧接着就会产生一种自我认知的成就感，进而会产生愉快的心情，这个过程在人的生理反应过程中时间是非常短的。

2. 篮球运动有助于塑造健全的人格

所谓的人格精神就是指人的气质、能力、动机、人生观等各个方面都能够表现得相当完美，人格作为人的整体精神面貌能够完整地表现出来。

对于篮球运动我们要从两个方面来看，从宏观的角度来讲，篮球运动是一场群体性的竞争运动；但是从微观上来讲的话，篮球运动又是一种两个群体间的每个个体相互竞争的运动。

在进行篮球运动的时候，每一个运动的环节都要求队员在不断发挥个人能力的基础上，配合整体的战术。换句话说，一个成熟的群体离不开这个群体中的每个成员的努力。篮球运动是复杂多变的，每一个相互转换的瞬间都要求个体能够做出正确的判断，当然战术运用的时机也是非常重要的，个体的失误对于比赛的结果也是有很大的影响。

篮球运动的这种特点很好地说明了在艰难的状况中需要我们表现出巨大的勇气，在常态下需要表现出创新的思想，我们只有在拥有鲜明的个性以及独立的人格之后才能够体现出敢于创新和冒险的精神，进而在极端复杂的情况下与比较有实力的对手进行抗争，并且最终取得比赛的胜利。

在进行篮球比赛的时候，这种竞争精神可以直接表现出人的本质力量，所以，积极地参加篮球运动不但能够在精神上锻炼人们吃苦耐劳、勇于拼搏、敢于进取的精神，而且还能够增加人的自觉性、果断性等，对于身体上的锻炼则是更加直接，增加人们的体质，减少不良情绪和生理疾病的发生等等，综上所述篮球运动在一定程度上可以实现人的个性的自由发展。

3. 篮球运动有助于情商的培养

篮球运动具有很明显的对抗性、统一性和集体性，适当的参加篮球运动可以有效地培养学生充沛的体力和精力、广泛的社会交往能力以及良好的心理承受能力，使学生能够以较高的情商去应对学习和生活中的困难。

此外，参加篮球运动，可以培养学生团结拼搏、乐于奉献、积极向上的优良品质；在篮球规则的约束下，有利于学生形成文明的行为方式和良好的体育道德风尚；在篮球竞赛过程中，有利于培养学生克服困难、善于创新的精神，有利于培养学生科学、文明、健康的生活态度。

一场篮球比赛不仅是学生身体和技能的较量，也是学生智慧、意志和协作精神等综合素质的竞争。运动场上学生的表现欲望，反映了学生热爱美、表现美以及追求美的情感与能力，这是当代大学生情商中应有的基本内容。

4. 篮球运动有助于减轻焦虑和抑郁症状

大量的研究表明，在人们感到焦虑、抑郁或者是愤怒的时候，进行一些短期的身体锻炼，有助于减轻人的这种不良情绪，当然减轻的时间是相对较短的，对于那些长期坚持参加体育锻炼的人，在他们身上发生心理疾病或者是焦虑、抑郁或愤怒等不良情绪的概率是非常低的。

身体活动或身体锻炼对焦虑和抑郁症状的改善具有积极的作用。对于那些性情比较怪癖、性格内向、不善与人交往的人来说，积极地参加篮球锻炼能够促进人与人之间的自然交流，进而互相信任、相互鼓励，通过参加篮球运动，不仅可以增加人的快乐情绪，而且对于减轻人的不良情绪以及振奋人的精神都有着不可忽视的作用。

所以长期参加篮球运动，对于那些神经衰弱或者神经方面有障碍的人来说，具有很大的益处。

5.篮球运动有助于创造良好的情绪体验

篮球运动从一开始便要求人们具有良好的身体素质、精湛的技术以及心理上的平稳等，在规则允许的范围内去攻击对手，并且取得比赛的胜利。

篮球运动是富有趣味和激情的比赛，在进行篮球运动的过程中，锻炼者通过娴熟的运球、巧妙的传球以及准确的投篮等，再加上攻守交错、对抗转变一系列战术的运用，会给人一种体育竞技美的感受，无论你是在运动场上参与篮球运动的人，还是在观众席欣赏比赛的人，笔者相信都会有一种"尖峰时刻"的感受，进而得到良好的情绪体验。

（二）篮球运动对身体健康的影响

1.篮球运动对心血管系统的影响

（1）篮球运动对血液循环系统功能的影响

①对血管壁的影响

经常参加篮球运动锻炼或训练，可以使动脉血管壁的中膜增厚，平滑肌和弹性纤维增多，大动脉的弹性纤维增长，中等动脉的平滑肌细胞增长。

②使血氧饱和度增高

血氧饱和度是指血液中血红蛋白与氧结合的程度。血液中血红蛋白可以结合氧和解离氧，是人体必需的氧载体。血氧饱和度是反映血液运输氧的能力的重要指标。

人体除了红细胞中的血红蛋白可以运载氧之外，肌肉中的肌红蛋白也是一种含铁蛋白质，其性质与血红蛋白一样。篮球运动可以使血氧饱和度增高，肌红蛋白增加，机体内含氧量增加。

（2）篮球运动对心脏泵血功能的影响

①心腔扩大

在篮球运动过程中，由于肌肉活动需要消耗大量的氧气和营养物质，同时产生较多的二氧化碳等代谢产物。与此相适应，必须加快血液循环，输送养料，带走代谢物。因此，经常从事体育运动会使心肌增厚，心腔扩大，包括左右心室及左心房扩大。

②心肌收缩能力增强

篮球比赛是一项时间相对较长、强度较大的运动项目。在篮球运动中，心的输出量持续保持在一个较高水平，使心肌合成代谢增强，心肌收缩蛋白增加，心肌纤维有不同程度的增粗，心肌肥大，心肌细胞的功能活动增强，同时毛细血管活动功能增强，有利于心肌运动时氧气的弥散与营养物质的供应。

（3）篮球运动对微循环系统的影响

通常情况下，骨骼肌中的迂回通路只有20%～30%真毛细血管处于开放状态，其舒缩活动主要与局部代谢物的积累有关。运动时，肌肉中的代谢产物增多，促使真毛细血管开放增多，有利于肌肉获得更多的氧气，以适应代谢的需要。

通常情况下，骨骼肌中的迂回通路处于开放状态，其舒缩活动主要与局部代谢物的积累有关。运动时肌肉中的代谢产物增多，促使真毛细血管开放增多，有利于肌肉获得更多的氧，以适应代谢的需要。在直捷通路中后微动脉和后微静脉更加吻合，血液流速增快，动脉和静脉吻合支开放量增加，皮肤的血流量自然也会增多。

2.篮球运动对身体健康素质的影响

（1）篮球运动对肌肉的影响

①篮球运动对肌耐力的影响

a.红肌纤维增粗

肌纤维可分为快肌和慢肌两类，其中慢肌又叫"红肌"。红肌中含有较多的红肌蛋白。因此红肌发达的人，有氧耐力运动较好。篮球运动可以增加红肌纤维中的线粒体数量，并使其体积增大，增强氧化酶的活性，从而引起红肌纤维增粗。

b.合成ATP能力增强

三磷酸腺苷（简称ATP）是提供机体的最终能源形式。篮球运动可使肌肉中ATP的含量增加，增强其合成能力，促进肌肉中CK酶的活性提高，耐乳酸的能力增强，同时使无氧酵解途径的酶的活性升高，有氧氧化能力提高，线粒体密度增大和有氧氧化代谢酶的能力提高。

c.肌肉持续工作时间延长

决定肌肉持续工作能力的主要因素有肌红蛋白增加、耐乳酸能力和有氧氧化乳酸能力增强、神经系统的调控能力提高、能量节省化等。篮球运动可使骨骼肌中肌红蛋白的含量增加，含氧量增加，最大吸氧量提高，并在相同的强度下发挥较高的效能，提高肌肉的耐力。

②篮球运动对肌肉力量的影响

a.肌纤维增粗

通过长期坚持篮球运动锻炼或训练，可以使骨骼肌组织壮大，这与肌纤维增粗、肌原纤维增多和肌纤维数量增加有着密切的关系。

b.动员更多的运动单位

运动单位是指一个运动神经元（神经细胞）同它所支配的一组肌纤维（肌细胞）。篮球运动是一项全身运动，在运动时强度有大有小，当进行低强度或轻负荷运动时，优先动用慢肌纤维，随着运动强度的不断增加和负荷的加大，快肌纤维也被动员。经过一段时间的锻炼后，神经系统得到较好的适应与协调，逐渐降低或抵消机体的自身抑制机制，动员更多的肌纤维，相同的肌肉就能产生更大的肌力。

③篮球运动对身体柔韧性的影响

在篮球运动中，跑、跳、投、传，每一个动作都需要全身的参与。篮球运动员在场上的位置不同，对全身各关节柔韧性的要求也有所不同。因此，全身各关节的柔韧性在每一个动作中都有具体作用，哪一个部位不协调都会对技术动作的正常发挥产生不良影响。所以，经常参加篮球运动可以改善身体的柔韧性。

（2）篮球运动可以提高有氧代谢能力

现代篮球比赛中的运动负荷为高密度、大强度，最大强度的心率可超过210次/分钟。由于比赛中经常会出现因犯规、暂停、换人、球出界等而中断比赛的情况，运动员可以利用这些时间获得短暂的休整，心率逐渐下降到25次/10秒左右，所以在比赛中大部分时间都以有氧代谢供能为主。

世界一流强队之间的篮球比赛更为紧张激烈，一场篮球比赛中，运动员跑动的距离约为5~10千米，其中只有8%~18%的距离是队员以最快的速度运动的，其余大部分时间仍以有氧代谢供能为主，这可使场上运动员始终保持充沛的体力和旺盛的斗志。

一般来说，普通人参加篮球运动或篮球比赛，运动强度远远小于专业篮球运动员，其有氧代谢提供的能量比例更大，一般达到90%以上。因此，经常参加篮球运动可以有效提高肺泡通气量，提高呼吸效率，改善心血管机能，促进组织器官中氧化酶活性升高，增强利用氧的能力。

3. 篮球运动对呼吸系统的影响

（1）篮球运动对最大吸氧量的影响

在篮球运动中，人体需要通过呼吸系统从外界摄取氧气，并经过心血管系统把氧输送到组织器官。研究表明，经常参加篮球运动可以提高心脏的泵血功能、血液运输氧的能力管理和肌肉利用氧的能力。

另外，坚持参加篮球运动还可以使肌肉中的毛细血管增加，使线粒体的数量增多、体积增大，促进静脉血液回流和有氧氧化酶的活性增加，并可提高肌红蛋白含量和最大吸氧量。

（2）篮球运动对肺活量的影响

正常成年人男性的肺活量为3500毫升左右，女性约为2500毫升。经常参加篮球运动，能使呼吸肌得到发展、胸围加大、呼吸深度加深、肺和胸廓弹性增强、安静时呼吸次数降低、肺活量增大。研究表明，篮球运动员的肺活量比常人偏高，优秀运动员可达7000毫升左右。经常参加篮球运动的大学生，肺活量明显增加，有氧运动能力有显著提高，这说明篮球运动对改善机体的生理机能有积极的影响。

4. 篮球运动对身体形态的影响

（1）篮球运动对身体状况的影响

研究发现，篮球运动对身体状况有重要的影响。通过对男大学生在参加篮球运动锻炼训练前后的身体形态对比研究发现，上臂皮脂、背部皮脂、腹部皮脂的厚度明显减少。正常人骨骼肌重量约占体重的40%，经长期参加体育锻炼可达到45%~50%。

篮球运动对男大学生体形的影响是锻炼后胸围、腰围、大腿围和小腿围的指数都明显低于锻炼前。

另有研究表明，有氧运动可明显增加脂蛋白酶（LPL）的活性。脂蛋白酶活性的增加可促进运动中和运动后体内的脂肪分解，提高脂肪的利用率，促进肌肉发达有力，体重增加，体脂率下降，达到强身健体、保持健美体形的目的。

（2）篮球运动队肌肉的影响

研究证明，科学的篮球运动锻炼可使骨骼肌的形态、结构及功能发生一系列适应性变化，具体表现在以下几个方面。

①篮球运动对肌肉体积的影响

肌纤维又称为肌细胞，是肌肉的主要组成部分，也是肌肉活动的基本功能单位。经常参加篮球运动可使肌纤维肥大，其肌纤维直径或横断面积增大。肌肉体积的增大主要表现在肢体的围度增加上。以往的研究认为肌肉体积增大、重量增加主要表现为肌纤维增粗，最近也有报道表明，肌肉体积增大还有肌纤维数量增加的因素。研究表明，耐力训练可使快肌纤维向慢肌纤维转化，使肌肉体积增加。

②篮球运动对肌肉结缔组织的影响

在篮球运动中，通过肌肉的反复牵拉，不仅可以促进肌腱和韧带中的细胞增生，也可使肌外膜、肌束膜和肌内膜增厚，使肌肉变得结实，抗牵拉强度提高，从而增强肌肉的抗断能力。研究表明，力量练习可以使肌膜增厚，抗牵拉强度提高。

③篮球运动对肌纤维的影响

篮球运动是一项将力量、爆发力、耐力、速度、灵敏性和柔韧性集于一体的运动项目。在篮球运动中，通过激烈的力量对抗可使肌纤维得到最大限度的发展，而且快肌纤维增粗明显，如快攻中快速推进所表现出的速度，可使快肌纤维增粗；而运动中表现出的耐力，可使肌纤维中线粒体的数量增加，体积增大。

④篮球运动对肌肉收缩的影响

篮球运动中，运动员时常需要快速起动、变向跑、侧身跑、变速跑、运球变向、急起急停、急停跳投、攻防转换等技术。这些技术都是以人的踝、膝为轴，通过脚蹬展的力量、腰腹力量、手臂摆动力量带动躯干灵活地运动，从而改变身体位置、方向和速度。在篮球运动中，原动肌、对抗肌、固定肌以及中和肌所起的作用虽然不同，但它们共同收缩、相互配合、共同协调，可确保动作的正确完成。

篮球运动能改善和提高这些肌群的协调性，使肌肉收缩能以最有效、最经济的方式来完成某一动作，肌肉收缩的效率得到充分发挥。

研究发现，肌纤维的毛细血管在锻炼后开放的数量明显增多，为安静时的20～30倍，这样可以使肌肉血液供给得到改善，有利于肌肉进行紧张持久的工作。

（3）篮球运动对骨骼的影响

骨化是骨在生长发育中所依赖的重要过程。在青少年时期，骨中含有较多的有机物，具有很大的可塑性，长骨两端有使骨增长的髓软骨。12～18岁，人的髓软骨生长的速度非常快；18岁以后，髓软骨的生长速度逐渐变缓，甚至不再生长。

在青少年时期进行适宜的篮球运动锻炼，使骨骼承受一定负荷的刺激，能够促进血液循环，改善骨骼的营养供给，加快髓软骨的增生和骨化增长，从而促进骨的生长发育。

骨密质分布于长骨骨干和骨髓的外侧部分。经常参加篮球运动，肌肉参与运动对骨有牵拉作用，会使骨表面的隆起更为明显，骨密度增厚，管状骨增粗，使骨的形态结构发生良好的变化，同时也能够使骨抗压、抗弯、抗折断等机械性能得到提高。

许多研究表明，对于发育中的骨骼，较低和中等强度的运动负荷可明显促进其骨密质的形成。

骨松质是大量针状或片状骨小梁相互连接而成的多孔网架结构，网孔即骨髓腔，其中充满骨髓。大量研究表明，篮球锻炼使骨小梁新骨形成增加，骨小梁排列更加有序化。

（三）篮球运动对社会适应能力的影响

1. 篮球运动对社会价值观念的影响

（1）篮球运动对创新意识和创新能力的培养

篮球技战术的不断变化就是不断创新的过程。篮球运动员在进行比赛的时候，对于教练制定的篮球战术要随着比赛节奏的变化而随时改变，不要一味地死守规则，完全遵从教条主义是一种很愚蠢的行为。对于比赛的节奏和状况不断变化，队员们一定要及时做出相应的对策，根据场上现有的人员以及局势的发展形势，做出一些能够改变糟糕局面的决定。

所以，从一定意义上来讲，篮球运动对于培养人的思维、创新意识以及应变能力等都有着非常重要的作用。篮球运动不仅仅是一个全面抗衡的运动，同时也是篮球运动员个人与个人之间的竞技较量，在进行篮球比赛的时候，在教练允许的情况下，篮球运动能力比较强的运动员可以尽情地展示自己的运动能力。

从这个意义上说，篮球运动有助于培养学生的竞争意识和开拓精神。这些优秀品质不仅表现在球场上，也会转移到日常的工作和生活中，有利于培养敢于尝试、不断创新的精神。

（2）篮球运动对竞争能力和合作意识的培养

所谓的合作就是两个或者两个以上的人为了达到预先设定的目标，在行动上、思想上、语言上等通过一种相互配合的方式，达到自己的预期目标。合作和竞争是一样的，都是人和人之间的相互作用的基本形式,合作和竞争在形式上是相互对立的,但是在社会生活中却是经常如影随形。

人类社会的不断发展证明了一个永恒不变的真理,这个真理就是个人的作用和贡献是有限的,真正能够发挥作用的还是集体,合作是人类社会中最为常见的一种现象。即使是这样,并不是所有的人都能够明白它的含义,尤其是当代的大学生,在这一代人中,他们赶上了国家计划生育的政策,大多数都是独生子女,我们知道独生子女的自私心理是非常重的,"以自我为中心"的意识比较强,缺乏和他人合作的意识。

即使现在很多的大学生在一些学校的文体活动中选择性地参与了一些合作,但是这并不完全等于他们拥有了真正的合作意识,就实际情况来说,他们可能还不能深刻地理解合作的更深层含义。

因此,必须让学生理解合作是人类生存的必要条件,理解合作有利于提高竞争者的竞争能力,有利于维护竞争者的心理健康,懂得合作中的竞争与竞争中的合作是社会主义社会的道德要求。

篮球运动中时刻充满了竞争与合作,我们在进行篮球运动的时候只有学会了竞争与合作之间的精髓,发扬团队合作的精神,才有可能在比赛中获得成功。

篮球运动是一个集体项目,在比赛过程中要始终贯穿集体之间的相互配合。例如在篮球运动中的传切、掩护等配合都是需要两个人或者三个人才能完成的动作,只有团队的合作才能取得相对比较好的结果,综合多变的防守和进攻战术体系更是需要团队的配合才能够成功地执行。

集体之间的配合要想得到更好的发展,主要依赖于个体之间的同一目标和队员之间的统一思想,进而形成一个比较有凝聚力的集体。和对手之间的竞争以及与队员之间的相互交流和沟通都是具有非常重要的意义的,个体之间的合作是保证集体取得胜利的关键,个体行为上的相互合作能够在一定程度上影响人的心灵和情感上的沟通,最终为促进集体之间的凝聚力贡献自己的力量。

此外,人们在进行篮球比赛的时候,看台上成千上万的观众的热情也会随着比赛的激烈程度而变化,他们把自己的情绪和激情与比赛的氛围联系到一起,全力支持自己喜欢的球队,甚至把自己视为球队中的一员,与这支球队同呼吸、同命运,所以无形中就加强了人与人之间的凝聚力。

我们不难发现,在进行篮球比赛的时候,参与者必须抛弃相对狭隘的意识,不断开阔自己的眼界,从心底里认知并执行团队与合作的理念,这才是团队获得成功的必要条件。

(3)篮球运动对价值观的影响

篮球运动具有强烈的教育性,我们不难发现篮球运动是一项集体性质的体育运动,对于培养学生的组织性、纪律性以及集体主义精神都有着重要的作用。

大多数的青少年具有较强的上进心、好奇心以及活泼好动的心理和生理特征，所以很多青少年都比较喜欢篮球运动；与此同时，在学校教育中，有意识地增加一些篮球教学课程，并且定期组织一些篮球竞赛，这样能够培养学生的竞争意识和积极进取、不怕困难、勇于拼搏的精神。"胜不骄，败不馁"是对人意志素质方面的要求。

　　积极地参加篮球运动能够很好地激励青少年顽强拼搏、积极进取的竞争精神，同时积极地参加篮球运动在一定程度上还能够培养他们的责任感和集体荣誉感等，这种潜移默化的影响是绝对不能忽略的。篮球竞赛能够在一定程度上满足学生的精神需求以及情感上的需求，能够最大限度地去激发他们锻炼身体的愿望。

　　2.篮球运动对社会规范的影响

　　（1）篮球运动有助于角色的定位与转移

　　在篮球运动过程中，每位参与者都担任了不同的角色，如中锋、前锋、后卫等，每个角色都有各自的分工、位置和任务。在有些情况下，场上的位置需要进行调整，相应的任务就会出现变化，角色的功能也需要发生变化。

　　例如，前锋与后卫之间的调整，场上队员与场下替补队员之间的调整等。通过担任篮球运动中不同的角色，可以使参与者理解篮球场上角色的定位和转换。

　　同样，社会角色的定位与角色的转换也是根据社会的需要确定的，它是与人们的某种社会地位、身份相适应的。

　　在一定的条件下，角色是可以发生变化的。经常参加篮球竞赛将有助于理解角色的含义，尽快地适应周围环境，并能通过自己的努力，适应不同的社会角色。

　　（2）篮球运动有利于促进良好的社会关系

　　每个社会的个体在进行社会化的过程中首先需要做的就是建立一种良好的人际关系，没有良好的人际关系人的发展就会受到很大的限制。良好人际关系的建立在一定程度上也能够从侧面反映出这个人的交往能力以及在人与人之间相互交流过程中所表现出来的心理满足的状态。

　　如果人与人之间缺少了平时的交往，个体的社会化进程就会受到很大的阻碍。人与人之间的相互友好交往也是社会发展的硬性需求，在交往的过程中会显现出一定的心理效应，最终满足人的生理需求。

　　友好和亲近的关系一定会给人们带来正能量，促进人的身心健康发展，但是，厌恶或者是仇视的态度则会给人带来一种压力和焦虑，对于人的身体健康是百害无一利的。所以，人际关系的本质是人的情感的社会交换，良好的人际关系是拥有良好社会交际的一种具体表现。

　　在进行篮球运动或者比赛的时候，人们的沟通行为就会变得越来越明显，同时这样的运动形式也给人们之间的相互交流提供了一个很好的平台。

凡是能够亲身参加篮球运动的人或者能够观看篮球比赛的人，都可以在这个比赛的过程中得到快乐，在进行比赛或者观看的过程中还有可能会收获友谊，因共同的爱好产生共同的语言。

经常处在一个气氛相对和谐的环境下对人的身心健康和情绪上的影响是很大的，想要获得良好的人际关系，队员之间就要和谐相处，相互关心，只有这样我们才能够在篮球运动中收获友谊，并且建立一种积极健康向上的生活态度，良好的社会关系才能得到进一步的巩固。

（3）篮球运动可以规范人的行为

①篮球竞赛规则对人的社会行为具有约束力

在我们进行篮球运动的时候，个人的行为一定要符合团队的规则以及理念，从每个人的自身做起，养成一种遵守习惯和规律的特性。在进行篮球运动特别是进行篮球比赛的时候在每个人的心中一定要有一种崇高的体育精神和责任感，表现出踏实好学、拼搏奋进的精神，进而取得队友和社会的认同，尽量控制自己违反规则的行为。

我们都知道篮球运动是一项比较激烈的对抗性运动，球员之间的身体对抗是在所难免的，在进行激烈对抗的时候，我们要尽量占据比较有利的位置，千万不能为了达到胜利的目的去故意伤害对手，或者为了某一次的球权或者得分采用一种投机取巧的手段，这不仅违反了篮球运动的规则，更加违反了体育的道德精神。

在比赛的过程中经常会因为比赛情绪的变化而导致暴力事件的发生，这些越轨的行为不仅会受到比赛规则的制约，同时在社会上还会受到严厉的斥责，情况特别严重者，还会受到法律的制裁。

②体育道德精神对人的社会行为具有影响力

人类的攻击性是人性的特点之一，篮球运动能够很好地体现出这种攻击性。在设计了一系列的社会行为的控制器、调节阀之后，从更深意义的层次来讲还有文化的约束力。

3. 篮球运动对现代生活方式的影响

（1）篮球运动已成为现代人生活中的一项重要内容

人们喜爱篮球更多的是追求对这种文化现象的体验，追求身心的完善发展。生活节奏加快是现代社会的主要特征之一。

而篮球运动无疑是人们缓解和转移这种威胁的积极有效的方式之一。篮球运动的快节奏有利于提高人们适应环境的能力，它的趣味性则有利于释放人们的这种身心压力。

（2）篮球运动与终身体育

"生命在于运动"这句话很好地诠释了体育锻炼的真谛，随着社会的不断发展和人们生活水平的不断提高以及全面健身计划的逐渐实施，体育锻炼已经成为人们生产和生活中不可或缺的重要组成部分，终身体育的意识已经慢慢开始在人们的脑海中蔓延开来。

篮球运动是全面健身的重要组成部分之一，在一定程度上得到了很多人的喜爱，来自不同年龄段、不同性别的人对于篮球运动都有很高的积极性，篮球运动有着很高的健身价值，对于增强人们的体质以及身体的各项生理机能都有非常重要的作用。

第三节 中国篮球运动

一、发展速度较慢时期

在新中国成立前，受多方面因素的影响和制约，我国篮球运动发展得比较缓慢。总体来看，这一时期我国的篮球运动基本上处于一种放任自流的状态。

篮球运动经过不断进步和发展，逐渐成为20世纪各大学校之中的重要体育运动，并且得到了初步的发展和传播，随着篮球比赛的不断普及，我国篮球运动得到了前所未有的进步和发展。

此后，在华北等地区性运动会上，篮球运动也被最先列为正式比赛项目。我们国家的男子篮球队参加了很多世界级的篮球运动比赛，并且在1936年和1948年的两届奥运会上都有不俗的表现，这充分表现了我国篮球运动的进步以及与世界篮球运动的融合。

20世纪20年代初期，我国篮球运动水平非常低下，直到20世纪30年代后，篮球技术才有了一定程度的发展，出现了多种多样的传球方式，有双手反弹传球、单手勾手和单手背后传球等。

投篮方式也逐步增多，有单手定位投篮、单手勾手投篮、行进间单手投篮和转身跳起双手腹前投篮。运球技术也有所发展，如变向运球等。

新中国成立之后，我国加强了体育事业的发展，群众性质的篮球运动的不断普及，为篮球运动水平的迅速提高奠定了良好的社会基础。

二、不断普及和发展时期

中华人民共和国成立后，篮球运动受到了政府和领导的高度重视。在"普及与提高相结合"的方针指引下，篮球运动在我国也得到了广泛的开展。

20世纪50年代初，中央体训班篮球队在北京成立，这对于我国篮球运动水平的提高具有重要的意义。

在以后举行的篮球比赛中，我国篮球运动员都取得了较为理想的成绩，并且逐渐形成了自己的独特风格。

然而，到了20世纪90年代中后期，我国的篮球运动整体上呈现出滑坡的状态，具体来说，女篮状态不够稳定，男篮与世界先进水平也有一定差距。

三、改革和创新时期

20世纪90年代中期以后，随着市场经济的不断发展，以及改革开放的逐步深入，人们的思想观念发生了重大的变化。在此影响下，我国篮球运动也进入了市场化的快速发展道路。

21世纪后，我国篮球运动的产业化发展步伐进一步加快，开始迈出职业化、产业化发展的新步伐。至今，我国男子篮球职业联赛的发展已有差不多20个年头，在这20年里，我国职业篮球从最初的不完善，发展到现在成为影响力较大的篮球联赛之一。由此可见，我国篮球运动发展的势头良好，有着非常广阔的发展前景。

第二章 高校篮球运动教学开展的基本理论

第一节 高校篮球运动的教学任务与内容

一、高校篮球运动的教学任务

（一）制定高校篮球运动教学任务的依据

1. 以学生的身心发展特点和规律为基本依据

据调查研究发现，在高校篮球教学中，学生的身心发展特点与规律对篮球教学有着非常重要的影响。一般来说，青少年的身体发育都要经历几个敏感时期，在这些敏感期对学生进行篮球运动素质的培养是至关重要的，可以达到事半功倍的效果。相关研究表明，我国国民身体素质发展的高峰期主要是在学生时期，而大学时期则尤为重要。因此，在大学阶段加强学生的篮球教育，不仅可以增强学生的体质，满足学生体育需求，还可以开发学生的心理和智力。在大学阶段，可以制订一个科学有效的篮球教学计划，以此来指导学生参与篮球运动，这也是篮球教学的根本任务与目标。

2. 以学生参与篮球运动的兴趣与能力为依据

在高校篮球教学中，要想提高教学质量，首先就要吸引学生积极主动地参与到篮球教学之中，激发学生主动学习篮球运动的兴趣。而要激发学生学习篮球运动的兴趣，就要根据学生的身心发展特点和具体实际，合理选择教学内容与方法，由易到难、由浅入深地帮助学生掌握篮球运动的知识和技能。

3. 以促进学生综合素质发展目标为依据

在高校中开展篮球教学活动的主要目的不仅仅是提高学生的篮球技能，其中一个非常重要的目的就是培养学生的综合素质。因此，高校篮球教学要将学生的综合素质发展作为基本依据之一。

第一，在培养德育方面，现代篮球教学要注重培养学生顽强的意志品质，教导学生要遵循一定的道德规范和准则，努力实现自己的目标。

第二，在智育方面，现代篮球教学要培养和提高学生独立发现问题、解决问题的能力，努力开发学生的智力，提高智力水平。

第三，在美育方面，篮球教学要培养学生感受美、欣赏美的能力。在制定篮球教学任务时要综合考虑学生身心发展的各个方面，促进其综合素质的发展。

（二）制定高校篮球运动教学任务的基本程序

1. 了解教学对象

在制定篮球教学任务前，要充分了解篮球教学对象的具体实际情况。主要了解与分析学生的体能状况、运动技能水平、篮球知识储备等，并在此基础上制定出科学、合理的篮球教学任务。

2. 分析教学内容

在制定篮球教学任务前，还要充分了解与分析篮球教学内容的特点与功能，因为篮球教学任务的设定与教学内容之间的联系非常密切。可以说，不同的篮球教学内容具有不同的特点与功能，没有无目标与任务的篮球教学内容，也没有无教学内容的篮球教学任务。

3. 编制教学任务

篮球教学任务具有重要的指引、导向、评价篮球教学活动质量等作用，因此，篮球教学任务的制定至关重要。在具体的篮球教学活动中，要处处体现篮球教学的任务，要依据篮球教学任务组织与开展教学活动。

（三）高校篮球运动教学的基本任务

1. 增强学生的身体素质

良好的身体素质是一个人从事其他工作的重要基础，因此在高校体育教学中，学生身体素质的提高是一个极为重要的方面。篮球运动是一综合性运动，能有效发展人的跑、跳、投等的能力，通过篮球教学，不仅可以全面提高学生的身体素质，还能促进学生心理水平的发展与提高。另外，大学生要提高自己的篮球技能，首先要提高自身的身体素质。

2. 提高学生的篮球知识与技能

高校篮球教学的一个重要目的就是使学生学习和掌握基本的篮球知识与运动技能。其中，篮球知识是学生掌握与提高篮球运动技能的基础和依据，而篮球运动技能中，篮球技术是篮球战术的基础。可以说，篮球运动知识与运动技能之间是相互作用、相互统一的关系，二者密不可分，共同构成一个整体，因此在制定教学任务时要高度注意。

3. 激发学生的创新意识和创造能力

学生的创新意识和创造能力是高校篮球教学过程中非常重要的教学任务之一。高校篮球运动是一项创造性的活动，在运用篮球的技战术时，学生的运动能力具有明显的复杂性、多变性及灵活性。因此，高校篮球教学必须具有促进学生创新能力的作用。

4.培养学生的集体精神和意志品质

篮球运动是一项综合性的集体对抗性项目，通过篮球教学能培养学生良好的集体主义精神和顽强的意志品质。首先，通过篮球教学能培养学生顽强的意志品质，使学生形成正确的世界观、人生观以及价值观。其次，篮球教学过程本身就是一个人才培养的过程，能培养学生的综合素质。因此，集体主义精神和意志品质的培养也是高校篮球教学的重要任务之一。

二、高校篮球运动教学的内容

在高校篮球教学中，教学内容较为丰富，一般情况下主要包括篮球理论知识、篮球技术动作与篮球战术配合等三个方面的内容。

（一）篮球理论知识

篮球理论知识是篮球教学的重要内容，它对学生的篮球实践具有重要的指导作用。目前，经过多年的发展，高校篮球教学已基本形成了一个相对完善的理论与知识体系，这一体系的基本内容包括篮球技战术分析、篮球教学训练理论、篮球竞赛组织与规则、篮球裁判法等，这些理论知识都需要学生学习和掌握。

（二）篮球技术动作

技术动作是篮球教学的最为重要的组成部分，在具体的篮球运动实践中，技术动作是其中的关键部分。在篮球运动实践教学过程中，体育教师一定要注意示范动作的规范性，以帮助学生建立和形成正确的动作定型，为篮球技术动作的学习和掌握打下良好的基础。

（三）篮球战术配合

在高校篮球教学中，战术配合是重要的教学内容之一。战术阵势和战术配合是篮球竞赛的重要特征之一，因此学习篮球战术知识，提高战术运用能力也是非常重要的。

在具体的篮球教学实践过程中，体育教师要注意以下两个方面：第一，要帮助学生充分地认识与了解篮球运动中人与球移动的路线、攻击点、运用时机及其变化等内容；第二，要指导学生注意自身战术意识能力的培养和提高，帮助学生在篮球实践中合理地运用各种战术配合。

第二节 高校篮球运动的教学原则与方法

一、高校篮球运动教学的原则

在具体的高校篮球教学中,既要遵循一般教学原则,又要遵循专项教学原则,二者要统一起来进行。

(一)一般教学原则

1. 直观性原则

直观性原则是指利用学生的感官和已有的经验,通过视觉、听觉和肌肉本体感觉,获得对篮球技术战术的生动表象和感觉,并使之与积极的思维相结合,从而掌握篮球技术、战术和技能,发展思维能力。大量的教学实践表明,在篮球教学中合理地运用直观性原则,能提高篮球教学的质量与效果。

在现代篮球教学中,体育教师经常采用各种直观教具进行教学,如沙盘演示、图片、录像、多媒体教学等。在具体的篮球教学中,教师要充分贯彻直观性教学原则,需要做到以下几点。

(1)首先要有明确的教学目的和要求。体育教师要综合学生的具体实际与教学情况,合理地运用直观教学方法。如面对低年级学生时,可采用动作示范、技术图片等方式进行教学,可以把学生的技术动作录下来,对错误动作进行讲解与纠正;而面对高年级学生时,可以采用沙盘演示的形式对学生进行具体的技战术讲解。(2)在具体的篮球教学中,教师充分利用示范、电影、录像等形式,使学生产生明晰的技战术动作表象,奠定篮球技战术学习的基础。(3)要想获得理想的教学效果,在篮球教学中还要利用直观教学的形式,紧密结合思维和实践进行教学。在教学中,体育教师要善于激发学生的思维,采用多种形式展开篮球教学活动。

2. 对抗性原则

篮球本身的特点决定了篮球教学必须将实战对抗能力放在一个十分重要的地位。篮球运动就是一项进攻与防守对抗的运动,攻守转换贯彻整个篮球运动竞赛。因此,在高校篮球教学中,贯彻篮球运动的攻守对抗性原则是非常重要的,这需要注意以下几个方面的要求。

(1)在篮球教学中,体育教师要引导学生深入研究篮球攻守对抗和转化的基本规律,让学生意识到篮球教学的根本意义。让学生明白攻防本身就是一个相互制约、相互发展的过程,二者缺一不可,二者之间是一个辩证统一的整体。(2)在编排篮球教学计划与进度时,要合理地处理篮球进攻与篮球防守教学内容之间的关系。设计的教学方法要合理,要保证学生在掌握了单项技术后才学习复杂的技术。在教学实践中,教师要尽量采取综合化的练习方法,逐步提高学生的篮球进攻与防守技术。(3)在具体的篮球教学中,体育教师还要有意识地提高攻守对抗的强度,这是提高篮球教学质量的可靠保证,当然篮球对抗强度的提高要有一个度,要把握好。

3. 渐进性原则

渐进性原则是指篮球教学活动的开展要遵循一定的学科发展逻辑,要以学生的身心发展特点与认知规律为基本依据,篮球学习过程是一个篮球基本知识、技战术技能循序渐进提高的过程,由此而形成一个严密的逻辑思维体系。在高校篮球教学中贯彻循序渐进的基本原则,要特别注意以下两个方面的要求。

(1)体育教师要结合当前的教学实际系统地安排教学内容。要根据教学大纲、教材进行教学,科学合理地选择教学方法,安排运动负荷,循序渐进地提高学生的篮球运动水平。(2)在篮球教学过程中,体育教师要密切注意学生动作技能形成的生理机制和心理机制,按照学生动作技能形成的阶段性特点及其规律来组织与开展篮球教学活动。除此之外,体育教师还要高度重视学生篮球动作技能的迁移,循序渐进地提高动作技能。

4. 自觉性原则

在具体的篮球教学过程中,要想提高教学质量,要将教师的主导作用和学生的自觉积极性充分结合起来进行,需要注意以下几点。

(1)在教学过程中,教师要深入了解学生,依据学生的特点和具体实际进行教学。在篮球教学过程中,要保持良好的师生关系,这对于教学质量的提高具有非常重要的作用。在篮球教学中,只有充分发挥教师的主导作用,激发学生参与教学活动的积极性,才能提高教学质量。一般来说,教师的主导作用主要表现在以下两方面。第一,教师运用多种教学方法与手段引导学生的注意力集中到篮球教学内容上。第二,教师积极主动地为学生学习篮球运动创造一个良好的环境与条件,充分调动学生学习篮球运动的积极性。(2)培养学生自我解决问题的能力。在篮球教学中,教师应为学生的自身发展创设良好的外部环境,鼓励学生积极主动地参与篮球教学活动。在高校篮球教学中,体育教师应采取各种措施和手段来培养和提高学生学习篮球的积极性和兴趣,充分激发学生的学习动机,这样才有利于学生的主动学习,提高自主学习的能力。(3)建立和谐的师生关系。在篮球教学中,教师要给予学生充分的关心与信任,建立和谐的师生关系,这样才有利于提高学生学习篮球的自觉性。

5. 因材施教原则

在篮球教学中,教学对象是全体学生,教师要对全体学生负责,提出统一的教学要求。但需要注意的是,由于每名学生的综合素质和实际情况都是不同的,教师还要针对不同学生的特点与能力进行教学，这就是因材施教原则。在篮球教学中，贯彻与实施因材施教原则，需要注意以下两个方面。

（1）坚持从客观实际出发。首先，体育教师要全面了解学生的身体素质与个体差异，了解学生的兴趣与爱好等基本情况，然后进行有针对性的教学。在贯彻因材施教原则进行教学的过程中，教师还要考虑学校的体育场地、设施、设备等情况，这对高校篮球教学也起着极为重要的作用。没有良好的教学硬件设施和良好的教学环境，是不可能保证理想的教学效果的，因此体育教师要引起高度重视。（2）从整体上把握。在篮球教学中，体育教师制订的篮球教学计划应符合教学的目标与要求，符合绝大多数学生的实际能力，能为学生创造良好的教学氛围与条件，鼓励学生积极参加课余篮球训练，努力提高篮球运动水平，这对于篮球教学目标的实现是非常有帮助的。

6. 巩固提高原则

在具体的篮球教学中，师生之间要加强彼此间的沟通与交流，学生要反复学习篮球知识与技能，促进自身篮球运动水平的不断提高。另外，在师生交流的过程中，可以及时有效地反馈学生的学习效果，帮助教师更好地控制整个教学过程，提高篮球教学质量。根据"用进废退"的基本原理，学生反复进行篮球技能学习与锻炼，有助于提升自身的身体素质与运动技能。因此，在篮球教学中，要注意巩固提高所学到的篮球知识和运动技能，这就是巩固提高原则。遵循与贯彻巩固提高原则需要做到以下几点。

（1）利用讲解、示范、提问等各种教学方法与手段，保证师生间及时的沟通与交流。根据信息有效性原则，信息传递得越及时，准确度越高，就越能产生良好的教学效果。因此，教师要采取各种手段与措施巩固与提高学生的篮球知识与技能，以提高教学质量。（2）在篮球教学过程中，要逐渐增加运动密度和动作重复的次数，反复强化，以形成良好的条件反射，提高篮球运动水平。（3）教师要鼓励学生多参加课余篮球训练，将课内课外结合起来，达到巩固与提高篮球运动水平的目的。（4）采取各种手段与措施激发学生学习篮球的积极性和兴趣，以提高教学质量。

7. 身体全面发展原则

在篮球教学过程中，要结合学生的特点和具体的教学实际合理选择与安排教学内容，科学地指导学生进行身体锻炼和技能训练，如此才能促进学生的全方位发展。在篮球教学中，贯彻身体全面发展原则需要做到以下两点。

（1）综合贯彻与落实篮球教学大纲的基本要求，制订科学合理的篮球教学计划，促使学生的身心素质得到全面发展。（2）在篮球教学中本着身体全面发展的基本原则，可以按照下面的要求来安排篮球教学课。

首先，准备部分，加强学生全身各部位肌肉练习，充分伸展身体，为篮球技能的学习打下基础。其次，基本部分，加强学生上肢与下肢的练习，全面并协调地发展学生的身体。最后，结束部分，指导学生放松练习并安排课外作业。

8. 多样综合性原则

篮球运动的内涵比较丰富，比赛过程也异常精彩激烈，比赛中充满了对抗性与多变性，因此篮球教学要遵循多样性与综合性的基本原则。

（1）要保证教学方法和组织形式的多样化，如原地传球、移动传球、行进间传球等可以采用不同的教学形式与方法，以激发学生学习的兴趣，提高运动水平。（2）要将单个技术动作、组合技术等结合起来运用。一般来说，单个技术的练习主要是动作的规范化，而组合技术练习则是提高运用能力的基础。因此，在篮球教学中要将单个技术与组合技术结合起来进行练习，以提高学生的综合素质。（3）要将技术、战术和意识培养结合起来进行。篮球运动是一项对抗激烈的运动项目，运动员要在力量、速度、技术、智力等各个方面展开较量，因此在篮球教学中要将以上各个方面结合起来进行。

（二）专项教学原则

篮球专项教学原则是指依据篮球运动技能的开放性和对抗性理论，依据篮球运动的特点而提出的具有较强针对性的原则。一般来说，在篮球教学中要贯彻以下几个专项原则。

1. 专门性知觉优先发展的原则

在篮球运动中，运动者要以球为工具，充分运用手指、手腕对球的控制能力展开各种对抗活动，因此手指、手腕等的这种专门性知觉非常重要，在篮球教学中通常采用大量的熟悉"球性"的练习来优先发展这种能力，以提高篮球运动水平。

2. 技术个体化和区别对待的原则

在篮球教学中，教师进行教学，其中一个非常重要的目标就是保证篮球技术动作的正确性和规范性。但是，由于学生各方面素质的不同，所谓的"技术的规范化"在不同的个体身上会有较大的差别。因此，在教学中要依据技术个体化与区别对待的原则正确对待这一问题，展开有针对性的教学，这样才能提高教学质量与水平。

3. 学习技术动作与实战对抗运用相结合的原则

篮球运动属于一项强对抗性运动，比赛中充满了身体对抗，比赛具有开放性的特点，因此，在篮球教学中教师要十分注重学生对抗能力的培养，要将技术动作与实战对抗充分结合起来进行教学。可以说，技术动作学习与实战运用相结合，符合开放性运动技能教学的规律。也就是说，学生在学习与掌握篮球运动技能的过程中，要建立起对抗的概念和技术实效的概念，而不仅仅是埋头苦练技术，还要注重实战能力的培养。

4. 少而精与实效性原则

在篮球教学中，贯彻少而精与实效性原则就是要抓住篮球教学中的主要矛盾展开教学活动。在具体的教学中，教师所选择的教学方法要尽量简单易行，确保实效性。首先，突出篮球教学的重点，抓好学生的篮球基本功与基本技能教学，然后逐步提高学生的技术能力；其次，以练为主，精讲多练，鼓励学生自主练习；最后，设置合理的教学目标，确保理想的教学效果。在具体的教学中，教师要结合具体实际情况，合理评估教学效果，及时改进教学方法，以提高教学质量。

二、高校篮球运动教学的方法

在篮球教学过程中，选择一个合理的教学方法是至关重要的，这关系到教学效果的取得，可以说合理的教学方法是教学质量的可靠保障。在选择教学方法时，教师要综合考虑篮球学科发展的特点，结合学校的具体实际与学生身心发展特点、运动能力等选择出最佳的教学方法。一般来说，常用的高校篮球教学方法主要有以下几种。

（一）讲解法

在篮球教学中，常用的讲解法主要有自陈法、侧重法、概要法、提问法、联系法和对比法等。通过讲解法的运用，学生能对篮球技战术有一个初步的认识与了解，并形成正确的篮球技战术概念，为进一步学习篮球运动打下良好的基础。在运用讲解法教学时，教师的讲解要清晰、突出重点，确保每名学生都能听懂。如在进行运球教学时，可运用口诀的形式进行讲解，以获得良好的教学效果。

（二）示范法

示范法就是指教师在篮球教学中以自身的动作作为篮球技术动作教学的范例，来对学生的训练进行指导的方法。这种方法可以使学生对所学技术动作结构有一个清晰的了解，从而有助于学生建立正确的动作表象。在篮球教学中，教师通过正确、合理的动作示范，能有效激发学生学习的兴趣，提高教学质量。需要注意的是，通常在实际教学中，教师都会选择将示范法与讲解法相结合，能取得理想的教学效果。

在具体的篮球教学中，教师运用示范法时应注意以下几个方面。

1. 要有明确的示范目的

在篮球教学中，教师的示范要有针对性，要有一定的目的性，并掌握适度的原则。在篮球教学初始阶段，教师要选取篮球技术关键动作进行重点示范，以使学生形成清晰的动作表象，如教师教授投篮技术时，在教会学生持球动作后，要重点示范最后出手的指拨动作，能帮助学生很好地掌握投篮技术。

2. 示范动作要正确和熟练

教师在示范篮球技术动作时，要严格按照规格要求进行动作示范，要准确无误地把握好动作的开始、行进方向和结束时间。只有动作示范正确，才能帮助学生建立起正确的动作表象，激发学生学习的兴趣，并能避免学生产生畏难情绪。总之，正确的动作示范能客观反映出教师的教学水平与能力,同时也是教师教学自信心的体现,对提高篮球教学质量具有重要的作用。

3. 示范要便于学生观察

在篮球教学中,教师进行动作示范时,要选择合适的示范面、示范速度以及示范距离,以便于学生能很好地观察到整个示范动作过程。一般来说,示范面的选择要根据学生的需要来选择,主要有正面、侧面、背面和镜面等四种。至于示范速度,教师在刚开始示范时应按照完成动作的常规速度进行;对于突出动作结构的某些环节,则应以慢速进行示范。而对于动作示范的距离,教师应根据学生的人数和安全需要确定,要以学生能够看清楚动作示范的全过程为准。

4. 示范、讲解与启发学生思维相结合

在篮球教学中,只有充分调动起学生的听觉和视觉,才有可能获得理想的教学效果。因此教师一定要做好示范动作,将示范、讲解等教学方法结合起来进行。示范与讲解相结合可以有效增强篮球技术动作的内在联系,使学生获得良好的感知效果,从而形成正确、清晰的动作表象,这对教学质量的提高是非常有帮助的。

(三)表象训练法

表象训练法是指教师通过暗示语来唤起学生的表象,并借助表象来练习篮球技术动作的一种教学方法。运动视觉表象和运动动作表象是运动表象的两种类型。其中,前一种主要是对客体的运动视觉形象进行反映;而后一种则是对学生自身的动觉形象进行反映。在篮球教学中,学生要根据头脑中所建立和形成的动作表象,将自己所学习过的技术动作一一表现出来。倘若学生不能唤起已学过的动作表象,他再做好该动作是非常不易了。在具体的教学过程中,教师可以根据具体情况引导学生进行表象训练,首先要求学生想象示范的动作,然后再进行模仿练习,以后在新动作示范完后,学生可以进行动作想象,以形成清晰的运动表象,从而巩固、熟练技术动作,以达到自动式。除此之外,经常运用表象训练法还能有效培养学生的创造力,因此值得在篮球教学中大力提倡。

(四)重复练习法

重复练习法是通过借助身体和思维活动反复进行动作练习的一种教学方法。在传统的篮球教学中,通常情况下,都是由单个技术练习逐步过渡到组合技术练习和对抗练习的,但篮球是一项对抗性运动,只有在对抗的条件下才能保证教学效果,因此教师要指导学生加强实战练习,实际上,要想提高篮球运动水平,练习是最基本的手段。只有通过反复不断的练习,学生的篮球运动技能才能得到提高。

(五)游戏教学法

游戏教学法是指在篮球教学中采用游戏的方式帮助学生学习和掌握篮球知识与技

能的教学方法。游戏教学方法与传统的教学方法相比，能充分反映出篮球运动的基本特征，能加强篮球技战术运用及能力培养方面的比例，激发学生学习篮球运动的兴趣，帮助学生更好地掌握篮球运动技能，因此这种方法受到广大教师和学生的欢迎与喜爱。

在篮球教学中，游戏教学法主要以从易到难的游戏为主线安排内容，打破了传统教学中以单个技术为主线安排内容的形式，对全体学生学习和掌握篮球知识与技能具有重要的作用。在游戏教学的过程中，教师还可以采用启发和诱导的形式引导学生积极主动地参与到技战术动作的讨论与习练之中，促使学生的篮球运动水平得到迅速提高。

（六）竞赛激励法

竞赛激励法是指在篮球教学中，利用学生争强好胜的特点，以竞赛的形式鼓励学生自觉参与篮球学习的一种教学方法。一般来说，常用的激励形式主要有准确性竞赛、速度竞赛、次数竞赛和成功率竞赛。

在篮球教学大纲中，教学竞赛也是一项非常重要的内容。根据教学大纲的规定，篮球教学竞赛形式主要有三种：针对已经学过的篮球技术进行复习提高的教学比赛；在简单规则下结合已经学过的篮球技术进行教学比赛；运用简单的篮球战术进行教学比赛。此外，体育教师还可以根据具体的教学实际组织其他形式的教学比赛。

（七）变化规则法

变化规则法是指在篮球教学中，教师为了提高学生学习的兴趣和积极性，通过改变篮球比赛的规则来进行教学的方法。需要注意的是，篮球规则的改变要合理，符合教学实际，这样才能取得理想的教学效果。

"三人制"篮球比赛就是一种变化篮球规则的比赛，其规则的变化主要体现在以下几个方面。三人制篮球比赛改变了人员构成，改变了比赛时间，改变了相关的比赛规则等，形式更为灵活和自由，适合在学生中进行开展。

（八）电化教学法

电化教学法是指在篮球教学过程中，运用现代教育媒体并恰当地结合传统教育媒体传递教育信息，以优化教学的方法。

在具体的篮球教学中，教师除了运用传统的教学设备外，还可以根据本校的具体实际合理选择现代化的教学设备，如幻灯、视频、录像、多媒体等进行教学活动。现代化的体育教育主要由现代化体育教育观念、先进的体育教学设施、高知识水平的体育师资队伍和现代体育教育技术四个因素构成，将现代多媒体技术运用于篮球教学之中，能对学生与教师的思维方式产生较大的冲击，从而提高教学质量与水平。

（九）技能迁移法

迁移是指通过一种学习来对另一种学习产生影响，这种影响主要有正迁移和负迁移两种。在篮球教学中，有效地利用和控制这种影响，能减少学生学习与探索的时间，避免走弯路，从而提高学习效率。在具体的篮球教学中，运用技能迁移法需要认清以下几个方面。

（1）横向迁移，就是有意识地将其他项目中学到的知识运用到篮球运动学习中，从而有效提高运动能力和水平，如在学习篮球助跑起跳时，可以联想跳高的助跑起跳；在练习篮球传球时，可以联想足球的传球，如此以提高运动能力。（2）注重新旧知识、简单与复杂技能之间的联系，如在学习新的篮球内容前可以联想旧的、简单的篮球技能，进行纵向迁移，以提高运动水平。（3）将篮球原理、原则等内容充分运用到实践中，如在学习篮球进攻联防战术时，首先要了解进攻联防的原理和原则，这样才有利于阵型的组织与实施。（4）注意身体的两侧迁移，如注重各个动作之间的迁移，以及学习单个技术时共性的联系；注重语言动作的迁移，把看过、听过的一些经验运用到动作学习中；在学习左手投篮时，可以借鉴右手的投篮动作。

（十）观察模仿法

在篮球教学中，学生学习篮球技能要了解学习的方法，而了解与掌握正确的方法则源于自己的理解和观察。因此，在篮球教学中，观察模仿法是一种重要的教学方法。在观察的起始阶段，学生要密切观察教师的讲解，然后自己进行更进一步的理解，观察完毕后，学生就可以试着去模仿。模仿时要注意由慢到快、由分解到完整，要在模仿的同时学会思考，体会正确做法的关键。在篮球教学中，学生如果遇到各种问题，就要进行有针对性的观察，及时调整与改进自己的错误动作。如果在练习的过程中，完成了基本目标，则可以增加动作难度，以提高技能水平，反之，则要降低动作难度，等掌握了基本技术动作后再逐步提高其他篮球技能。

第三节 高校篮球运动教学模式及其选择

一、小群体教学模式

（一）建立背景

小群体教学模式来源于日本的"小集团学习"理论。根据小群体教学模式理论，在篮球教学中，将学生进行分组，并在教师的指导下，同组学生之间、小集团与小集团之间通过互动、互助、互争，增强学生学习的主动性，从而提高教学效率。这种教学模式非常适合在篮球教学中运用，能取得理想的教学效果，促进篮球教学的发展和完善。

（二）指导思想

小群体教学模式的主要指导思想是在遵循体育学习集体发展和发挥教育作用规律的基础上，通过体育教学中的集体因素和学生间交流的社会性作用，促进学生交往，提高学生的社会性。此外，在运用小群体模式进行篮球教学时，还要注意培养与提高学生自主学习的能力，充分发挥学生的个性，培养创造力。一般来说，小群体教学模式的指导思想主要体现在以下几个方面。

（1）有针对性地培养学生良好的意志力与精神品质。（2）帮助学生集中注意力，增强竞争意识。（3）确保竞争的公平性，从而激发学生学习篮球的兴趣，提高学习的效果。（4）通过合理竞争提高学生的身心健康和社会适应能力。

（三）优缺点

1. 优点

小群体教学模式侧重于培养学生的团结性，有利于充分调动学生学习的积极性，提高社会适应能力。除此之外，还能提高团队与其他团队之间的竞争力，增强学生的竞争意识。

2. 缺点

这种教学模式主要注重于培养与提高学生的社会适应能力，因此在教学中会耗费大量的时间，致使篮球学习的内容得不到保证。

二、发现式教学模式

（一）建立背景

发现式教学模式是指通过体育教师的指导，学生能够独立研究和发现事实和问题，从而可以更加深刻地掌握相关原理和知识的一种教学模式。这种教学模式着重强调学生的直觉思维、内在的学习动机，以及教学过程三个方面。

（二）指导思想

发现式教学是指教师通过运用各种教学手段引导学生积极主动地思考，独立发现问题、解决问题的一种教学模式。这种教学模式是通过遵循学生的认知规律来考虑教学过程，能充分体现学生学习的自主性。发现式教学模式的指导思想主要包括以下几个方面。

（1）提高学生学习篮球知识与技能的效率。（2）尊重学生的主体性，有效地对学生给予指导。（3）有效激发学生学习篮球运动的积极性。（4）促进学生智力开发，培养创造力。(5)设置问题情境,激发学生参与学习篮球运动的热情。

(三)优缺点

1. 优点

发现式教学模式能激发学生学习篮球运动的积极性,提高学生的学习效率与智力水平。通过在篮球学习过程中设置各种问题情境,能激发学生学习的好奇心,促使学生积极主动地参与到篮球学习之中。

2. 缺点

发现式教学模式的运用会占用大量的教学时间,使得学生篮球运动技能学习与巩固的时间相对减少,对运动技能的掌握产生一定的影响。

三、主动性教学模式

(一)建立背景

在篮球教学中,通过主动性教学模式的运用,能更好地引导学生进行思考,提高自身的社会技能和社会情感,提高创造能力。需要注意的是,这种教学模式的运用必须有一个良好的课堂环境和氛围做保证,否则难以取得理想的教学效果。

(二)指导思想

主动性教学模式的指导思想主要包括以下几个方面。

(1)培养学生良好的创新意识与能力。在篮球教学中,教师应根据教学实际和学生的具体情况,充分激发学生学习的潜力,培养其创新意识与能力。(2)培养学生的参与能力,使学生的主动性得到进一步发展。(3)培养学生的教学能力,提高其综合素质。(4)培养学生团结合作的集体主义精神,使学生认识到团队合作的重要性,培养学生的团结合作精神,以形成良好的课堂教学氛围。

(三)优缺点

1. 优点

主动性教学模式能有效地发展与增强学生的主体意识;提高学生自主学习的能力,培养学生良好的创造力。

2. 缺点

主动性教学模式要求学生有一定的自觉性,具有一定的教学组织能力,自学能力要强,否则,就不能取得理想的学习效果。

四、领会式教学模式

（一）建立背景

领会式教学模式主要运用于改造篮球教学的教学过程结构，在应用过程中试图通过从整体开始学习或领会新教程，并且对以往只追求技能，忽略学生对整个运动项目的认知和对运动特点的把握缺陷进行改进和完善，以达到提高篮球教学质量的目的。

（二）指导思想

领会式教学模式的指导思想主要包括以下几个方面。

（1）强调先尝试，后学习。（2）首先认识到运动技术的重要性，才能提高学习的主动性。（3）强调先进行完整教学，然后进行分解教学。（4）在教学中适合开展各种竞赛活动，以提高学生学习的积极性和主动性。

（三）优缺点

1. 优点

领会式教学模式通过先让学生进行初步体验，体会出学习正确动作的必要性，然后根据学生的实际情况，选用合理的教学方法，充分调动学生学习的积极性，以提高学习效率。

2. 缺点

在尝试性比赛中，学生常因缺乏对运动项目的了解而导致比赛无法顺利进行。在具体的教学过程中，教师可以适当降低教学的难度，引导学生慢慢进入教学角色之中，循序渐进地提高教学质量。

五、选择式教学模式

（一）建立背景

由于选择式教学模式具有较强的可操作性，以及良好的教学效果，近年来在我国各高校中已得到普遍的使用。在这种教学模式下，学生可以根据自身的特点与喜好合理选择教学内容，能提高教学水平。

（二）指导思想

选择式教学模式可以充分发挥学生的自主性，自主选择所要学习的内容、学习进度、学习伙伴和学习难度等，激发强烈的学习兴趣，有效培养学生的学习能力，对学习成绩的提高是非常有利的。

（三）优缺点

1. 优点

学生自主选择学习内容，有利于激发学习的兴趣；能培养学生的自觉性、学习热情、学习态度、克服困难的意志力等，也能增强学生的责任感。

2. 缺点

选择式教学模式有利于激发学生学习的积极性与兴趣，但对于那些暂时还没有特别兴趣的学生则没有突出的效果，因此此种教学模式并不适用于全体学生。

第三章 高校篮球运动教学开展与组织实施

第一节 篮球运动负荷及其合理安排

一、篮球运动负荷的基本要素与特征

（一）运动负荷的基本要素

构成运动负荷的要素主要有三种，分别是运动负荷强度、运动负荷时间和运动负荷积分。这三种要素有着非常密切的联系，同时又相互区别。

1. 负荷强度

所谓负荷强度是指人的整个生理机能在受到相应运动负荷刺激的作用下所产生的反应幅度或程度。一般来说，运动强度与负荷强度呈现平行关系，即运动强度越大，产生的生理负荷也会越大；相反则相反。

2. 负荷时间

这里所说的负荷时间是指运动负荷在整个运动过程中所持续作用的时间。由于运动前状态等因素，使得负荷时间增加，再加上停止运动之后人体生理机能需要恢复的时间，实际上运动负荷所作用的时间要远远长于运动时间，但一般情况下，负荷时间是指人体在运动阶段承受负荷的时间。

3. 负荷积分

所谓负荷积分是指生理负荷强度在运动过程中随着负荷时间变化的函数关系。就本质而言，它是指负荷强度与负荷时间的积分，既能够对运动负荷量进行反映，同时也能够更好地对人体运动生理负荷的机能潜力进行反映的一项综合指标。

（二）运动负荷量的决定因素

运动强度、运动时间和负荷反应是决定运动负荷量大小的三个重要因素。其中，运动时间与运动强度和负荷反应成反比关系。如果运动强度越大，它所引起的生理负荷反应就会越大，运动持续的时间也会相应缩短，负荷积分值也会相对较小；如果运

动强度刺激较为适宜，那么它所引起的负荷强度反应相对较大，并且能够持续最长的运动时间，所产生的负荷积分值也会最大。但从运动负荷反应来看，不同的个体对同一运动强度的刺激也会产生不同的反应。

（三）篮球运动负荷的特征

1. 负荷水平的极限化

在进行篮球运动训练的过程中，如果机体所承受的训练负荷没有达到最大的承受能力水平，那么身体机能、技术、战术水平也就很难得到提高。对于运动员的有机体，只有通过各种身体、技术和战术练习给予其最为强烈的刺激，才能促使有机体产生强烈的反应，并发生相应的深刻变化，这样才能将运动员有机体的机能潜力充分挖掘出来，以更好地适应和满足运动员参与激烈比赛和创造优异运动成绩的需要。

2. 负荷量度的个体化

由于人的个体化差异以及人体存在复杂性，教练员应针对每个运动员的个体实际情况来对个体和整体的适宜负荷进行确定。

3. 负荷内容的专门化

随着篮球运动技战术水平的不断提高，运动员要根据篮球运动专项的特点和供能特征进行训练提出了更高的要求。这种专门化训练，其内容并不是仅仅针对篮球运动本身，而是要求所采用的运动负荷内容能促使运动员有机体的身体素质、技战术水平得到不断提高。

4. 负荷水平的动态化

对于运动训练负荷，运动员有机体有着非常强的适应性，对于原有的运动负荷，机体在产生适应之后，这种负荷就失去了对机体的刺激作用。此时，只有使负荷水平不断增加，才能更好地促使机体的能力得到不断提高。不管是从个体还是从负荷发展的总趋势来看，整个负荷都是在动态变化中不断提高的。

二、合理安排运动负荷

从传统训练观点的角度来看，只有通过进行大运动量、高强度的训练，才能促使运动成绩得到提高。

很多运动研究都表明，运动员竞技水平的提高，是在训练负荷不断增加的条件下，进行多年系统训练的结果。根据国外有关针对优秀运动员成长过程的研究可知，运动成绩随着运动训练量和负荷强度的不断增加而得到提高，两者之间的相关系数也是非常高的。

但有运动实践研究表明，在训练的过程中，如果只是一味地追求大强度、大运动量的训练就有可能导致发生运动损伤，这就过早地扼杀了运动员的发展潜力，从而给运动员竞技水平的提高带了不利影响，这就要求在训练过程中对训练负荷进行控制和监测。

（一）合理安排负荷的基本要求

依据机体在适宜负荷下的生物适应现象和过度负荷下的劣变现象，在篮球运动教学和训练课中进行运动负荷的安排要遵循适宜负荷原则。

（1）能够更好地促使运动员达到更高水平的专项竞技能力。（2）运动员有机体训练负荷的可接受性。（3）能够促使运动员各种能力产生定向性变化。（4）训练负荷的量与强度要有适宜的比例。（5）负荷安排的节奏要保证课与课之间衔接，能产生后续效应。

（二）科学探求负荷量度的临界值

对于运动个体负荷量度临界值，随着运动个体的发育程度、竞技水平、训练水平等比较稳定的状态的变化，其大小也会产生变化，同时也会受运动个体日常休息、健康状况和心理状态因素的影响。在对运动负荷进行评价和测定时，必须具有充分的科学依据，对负荷量度的临界值采用科学的诊断方法来进行准确掌握。目前来说，在人们还未能完全认识和把握负荷极限的情况下，一般来说，要注意保留余地，从而更好地避免出现运动损伤和过度疲劳。

（三）科学安排教学与训练课的运动负荷

1. 训练课的负荷

在篮球运动训练中，对训练课的训练负荷进行合理、科学的安排，能够获得更为理想的训练效果。因此，根据篮球运动训练课制订训练课计划时，要做到以下两点。

（1）训练内容方面要具有足够的难度和要求，从而使训练内容成为有效的刺激因素，来更好地促进运动员运动机体能力得到不断提高。（2）要保证训练计划适应运动员的机能状态和训练水平。

此外，在做好以上两点后，还要注意以下两点要求。

（1）在疲劳逐渐发展的情况下，要保障运动员训练达到一定的训练量，这样才能使运动员机体达到极限负荷量的同时，给予机体所需要的应激性和较高的训练效应。（2）在运动员有机体出现明显疲劳的情况下，训练活动所持续的时间不要太长，这样能够有效避免对运动员的心理训练和技术训练水平产生不良影响。

2. 体育课的负荷

国内外的相关研究显示：对于一般人来说，心率保持在120~140次/分钟，此时的运动强度为最佳，能够获得理想的健身效果，在时间方面，要保持这一强度占每次锻炼总时间的2/3左右；心率在110次/分钟以下时，健身价值不大，这主要是因为机体的血液成分、血压、心电图、尿蛋白等都没有发生明显的变化；心率在130次/

分钟时，此时的运动负荷能够使心脏的每搏输出量接近或达到一般人的最佳状态，能够获得明显的健身效果。心率在 150 次 / 分钟时，心脏的每搏输出量就是开始下降；心率达到 160～170 次 / 分钟时，虽然不会出现不良反应，但在健身效果方面也未表现更好。因此，一般情况下，将心率在 110～150 次 / 分钟的区间，确定为运动负荷有效价值阈；把心率在 120～140 次 / 分钟的区间，确定为运动负荷最佳价值阈。

中等强度和高密度是高校篮球运动教学课的运动密度和强度趋势。教师只要对篮球课进行精心的准备，并进行精练、简明扼要、生动的讲解和准确、恰当的示范，并避免将篮球教学课视为教师讲解课或示范课，鼓励学生有更多的时间参与锻炼，这样才能使学生在愉快的氛围中得到更为充分的锻炼，以促进学生身心得到更为全面健康的发展，密度也能够确保达到 50%～70%。

第二节 高校篮球运动教学课的组织与实施

一、篮球运动教学课的类型

所谓课的类型，其实就是指课的种类。从本质上来讲，篮球运动教学课的类型对课的功能有着直接决定作用，也就是说，不同的篮球运动教学课类型，具有不同的教学功能。对课的具体分类进行深入的认识，并从中选择最为适合的课的类型，有助于教师对各类课的性能进行了解和掌握。要保证在每一节课上都贯彻教学目标，只有这样才能充分发挥各类课的具体功能，更好地保证整个教学过程的完整性，从而提高篮球运动教学质量和教学效率。

篮球运动教学课根据课的具体性质可以划分为两种类型，分别是教学课和训练课。下面主要就这两种课的类型展开论述。

（一）教学课的类型

目前来说，我国高校篮球运动教学课主要分为理论课、实践课、考试和考查课、实习课四种类型，具体如下。

1. 理论课

向学生传授篮球运动基本理论知识是篮球运动教学理论课的主要任务。该类型教学课常采用的教学形式主要有讲授课、讨论课、自学答疑课等。在具体实践中，要结合具体实际情况进行针对性的选择。

2. 实践课

向学生传授篮球运动基本技术、战术和比赛等实践内容是篮球运动教学实践课的主要任务，该类型教学课常采用的教学形式主要有技术教学课、战术教学课、教学比赛等。此外，也可以结合具体实际，来选择和运用其他类型的教学课。

3. 考试、考查课

对学生所学的基本理论知识和实践实施进行考核和评价是篮球运动教学考试、考查课的主要目的。该类型教学课常采用的教学形式主要有口试、笔试、达标、技评、作业和比赛等。

4. 实习课

专门针对学生所学的篮球运动教学及比赛的相关知识进行实习的教学课，即为篮球运动教学实习课。该类型的教学课常采用的教学形式主要有竞赛组织、裁判实习、教学实习等。此外，还可以根据具体实际情况来对其他教学形式进行选择。

（二）训练课的类型

就目前来看，我国高校篮球运动训练课的主要类型包括身体训练课、技术训练课、战术训练课、综合训练课、比赛训练课、调整恢复训练课、测验课等。下面主要针对这些训练课的主要任务和目的进行阐述。

1. 身体训练课

训练学生的一般身体素质和篮球专项身体素质是篮球身体训练课的主要任务。该训练课的目的就是促进学生运动素质的发展，提高学生的身体机能水平，从而使学生能够更好地适应较高强度的篮球运动训练和比赛。

2. 技术、战术训练课

训练学生的篮球运动基本技术和战术是篮球运动技术和战术训练的主要任务。其主要目的是促进学生运动技战术水平的快速提高，以及综合运用技战术的能力。

3. 比赛训练课

针对篮球训练和比赛中的各项能力，对学生进行训练，这是篮球比赛训练课的主要任务。该类型课的主要目的是促进学生运动技战术水平的快速提高以及对技战术进行灵活运用的能力，并提高学生的比赛适应能力。

4. 综合训练课

篮球综合训练课的主要任务是对以上三种训练课的内容加以综合的课程。该类型训练课是将多种形式的训练课进行综合运用而形成的。详细地说，就是将各个不同的篮球运动训练内容进行交替安排，从而更好地促使学生的各项运动素质和运动技能进行有效积极的转移。该训练课的目的是促使学生的身体素质、技战术和比赛等方面的能力得到快速提高。

5. 调整、恢复训练课

对篮球运动训练之后学生身体机能进行快速的恢复和调整是篮球运动调整、恢复训练课的主要任务。该类型训练课主要适用于过渡期，以更好地消除学生的身体疲劳，促进学生体力的快速恢复，从而更好地促使学生提高和保持篮球运动技术水平。

6. 测验课

检测学生的身体素质指标和运动水平指标，是篮球运动测验课的主要任务。该类型课的目的是通过有针对性地检测各个相关的指标，来客观、准确地评估训练水平，这样能够更好地帮助教师有针对性地开展下一阶段的篮球运动教学工作。

二、篮球课的组织

（一）篮球课组织的要求

1. 加强学生的理论知识学习

（1）加强学生的思想政治教育

在明确篮球运动教学与训练的任务和目的之前，一定要对学生的思想政治教育给予充分的重视，充分调动学生参与篮球运动学习和训练的积极性，以进一步增强学生的责任感和荣誉感。在篮球运动教学中，教师需要完成很多工作，主要有以下几种。

①要始终贯彻严格训练、严格要求。②及时发现教学过程中学生存在的问题，并针对问题提出正确、有效的解决方法。③对于学生完成各个训练任务要给予一定的激励和鼓励。

该部分内容在教学中有着非常重要的作用和意义，是非常重要的环节，是进行具体实践练习的基础，能够为实践提供科学指导。

（2）重视学生良好品德的培养

在教学过程中，教师要始终坚持全面贯彻党的教育方针，对学生顽强的意志品质和高尚的思想道德进行培养，这是作为一名优秀的学生所必须具备的素质。此外，要根据每个学生的个体差异和实际情况，来选择适宜的方法和手段，向学生传授篮球运动的基本理论和技术，来不断提高他们的各种实际能力，增强学生的体质，增进健康。另外，每一次课都要承上启下，课与课之间要相互联系，只有如此，才能更好地保证教学的系统性和完整性。

2. 加强学生的实践练习

（1）合理选用训练方法

篮球运动教学具有自身的特点，只有在组织方面采用有效的措施，才能保证教学任务得以顺利完成。但由于在客观条件方面存在差异，这就造成了所采取的措施也不尽相同。比如，有的学校，场地、器材少，班级的人数又多，这就要求在组织练习时，坚持从实际出发，灵活采用各种练习方法，在保持一定运动量的基础上，来达到调动和提高学生积极性的目的。

（2）加强学生的合作意识和集体意识的培养

作为一项对抗性、集体性的运动项目，篮球运动练习和比赛中，学生常常会出现一些思想和作风问题以及违反纪律问题等负面的现象和做法。这就要求在篮球运动教学中，重视对学生进行思想方面的教育，对学生的思想和作风进行严格要求，并禁止学生出现负面的行为和现象，以保证在和谐、合作的环境中开展篮球运动教学课。

（二）篮球课组织的手段

篮球课堂教学的组织与管理主要是通过以下几个基本手段来实现的。

1. 课堂常规

课堂常规是进行课堂管理的重要依据，它对教师和学生都有着相当强的约束力。教师在篮球运动教学课管理中，应对课堂常规管理给予高度重视，并根据相关规定，严格制定学生的课堂考勤、语言行为等，并贯彻始终。此外，对于课堂常规的相关规定和要求，教师也要进行严格遵守。

2. 课的结构

课主要是由准备部分、基本部分和结束部分共同构成的。在篮球运动教学课中，在遵循课堂教学客观规律的基础上，教师要针对课时结构顺序采用不同的管理方法和措施，以避免出现课程混乱现象。此外，在面对突发事件时，也要采取果断而有效的措施。

3. 发挥学生干部的作用

在对班级进行组织管理时要注意采用一定的方式和方法。对于教师来说，班干部和技术骨干是其进行课堂管理的得力助手，要进行精心培养，为促使他们组织管理能力的提高创造有利条件，在班级里帮助他们树立起威信，从而真正发挥助手的作用。

在篮球运动教学中，由于练习相对较为分散，教师在进行管理工作和照顾学生方面存在较大的难度，这就需要教师培养一些学生骨干，以协助进行分组练习。在小组中，学生骨干能够起到带领、组织、帮助小组同学进行练习的作用，这样既能够帮助教师顺利开展教学活动，顺利完成教学任务，同时还能够促进学生骨干进一步提高分析、组织和管理能力，提高他们发现、分析和解决问题的能力，从而为我国篮球运动事业的发展培养和输送更多的优秀人才。

三、篮球课的具体实施

在具体实施篮球运动教学课的过程中，要对篮球运动教学课的结构进行合理安排。所谓课的结构实施，是课堂教学与训练的内部组织形式，具体是指课的组成部分以及进行的顺序和时间的分配。掌握和运用课的结构理论有着非常重要的意义和价值，这既能够帮助教师对教学训练的程序进行合理的规划和操作,科学分配教学训练的时间,对教学、训练活动进行合理、有效的调节,对教学内容进行严谨的组织,促使教学课堂显得更加紧凑,同时还能够保障教学任务在规定的时间内有效完成。

(一)理论课的具体实施

课堂教学是高校篮球运动教学理论课所主要采用的形式。这种授课形式,主要是以教师的讲解为主,同时适当安排一些课堂讨论,以更好地激发和调动学生的学习兴趣。理论课教学的具体实施步骤如下。

(1)通过讲述或提问的形式,教师对篮球运动教学上一次课的教学内容引出,从而为本次新授课的教学内容做好准备。(2)对本次课的教学内容进行讲授,在教学过程中,教师要对本次课的重点和难点进行反复论证,从而达到促使学生强化的目的,使学生能够更好地掌握和理解本次课的主要教学内容。(3)在本次理论课教学的结束部分,对于本次课的主要内容,教师要简明扼要地做出总结,并对本次课的重点进行归纳,同时布置一些课后作业,向学生宣告下次课的教学内容。

1. 篮球运动教学不同理论课的类型结构

通常来说,篮球运动教学理论课主要分为新授课和复习课两种。下面主要就这两种理论课的结构和组织来进行阐述。

(1)新授篮球课

新授课的结构主要包括组织教学、导入新课、讲授新课和布置作业四部分。对本次课的新授内容进行讲授是其中非常重要的核心环节,教师常常会在这一部分花费更多的时间和力气。对于这一部分,教师单纯用来进行讲解的时间要占到13%~15%,如果讲解时间过长,就会对学生的练习时间造成影响,就难以获得理想的教学效果。

(2)篮球复习课

复习课的作用主要是帮助学生对已学知识进行巩固,并进一步强化,加深理解,并做到融会贯通。复习课主要包括三个方面的结构:一是组织教学,将本次复习的目的和具体要求提出;二是采用多种方法来进行复习;三是做出小结。

促使学生掌握篮球运动基本的理论知识是开展篮球运动教学理论课的主要任务,其内容主要包括篮球运动发展及趋势、篮球运动的技术和战术基本理论,以及篮球运动教学、训练、裁判、组织竞赛的方法等。

2. 篮球理论课的实施目的

对于学生来说,在篮球运动教学理论课中,通过对篮球运动基本理论知识的学习,学生要达到理论指导实践、理论联系实际的目的。启发式教学是我国高校目前开展篮球运动教学理论课现代化发展的重要趋势之一,所谓启发式教学,就是指通过对本校现有的现代教学设备加以充分利用,来对学生的能动性和积极性进行最大限度的调动和发挥，以更好地培养学生分析和解决问题的能力。常用的现代化教学设备主要有投影、幻灯、录像等。借助这些现代化教学设备来开展启发式的篮球运动理论教学是目前篮球运动教学理论课现代化发展的重要趋势。对培养学生分析问题和解决问题的能力具有非常显著的效果，是值得大力提倡的，对篮球教学的发展具有重要的促进作用。

3. 篮球理论课的实施要求和建议

针对教学大纲的具体任务和要求，教师在篮球运动教学理论课中要采用课堂教学的形式来加以完成。一般情况下，教师讲授是篮球运动教学理论课的主要形式，同时也会适当安排一些课堂讨论，详细步骤如下。

（1）对于上一次篮球运动教学理论课的教学内容，教师要采用讲述或提问的方式来引导学生进行回顾，从而为本次篮球运动教学理论课的内容做好学习准备。（2）对本次篮球课的理论内容进行重点讲述，教师在此过程中要反复地论证本次课的重点和难点。（3）针对篮球课的新、旧内容，教师要采用提问、作业等形式来帮助学生进一步强化，以帮助学生更好地理解本次篮球运动理论课的主要内容。（4）在本次篮球运动理论课的结束部分，对于本次课的知识点，教师要简明扼要地进行总结和归纳，并布置课后作业，对于下次篮球课的教学内容向学生介绍，让学生提前预习。（5）在篮球运动教学理论课方面，教师需要对篮球教学所使用的讲稿提前编写好，并对篮球课上所需要讨论的题目进行设计好，同时还要对课上所要使用的篮球运动教学辅助器材进行准备，如模型、挂图等直观教具。

（二）训练课的具体实施

在组织篮球运动教学课的过程中，教师发挥着非常重要的作用，为了使篮球运动教学课组织得更加科学，在组织训练的过程中，首先，教师要做到严于律己，以身作则；其次，还要做到态度诚恳、热情，能够与学生进行良好交流和互动，成为交心的好朋友，这就要求教师对学生的日常生活、思想活动和作息进行关心之外，同时还要关心学生的技术水平；最后，教师除了要做好一个称职的鼓励者、教育者之外，还要做一个虚心受教的受教育者，对于学生反馈的意见和建议要虚心听取，将学生的真实想法和需要结合起来，集思广益，同时也要将自己的想法、意图和要求告知学生，使之成为学生自觉、自律的行为。只有这样才能更好地促进篮球运动教学的效果得到提高，对充分发挥智力同样具有的非常重要意义。

对于篮球运动训练课的组织，必须给予充分的重视，这主要是因为，通过上好训练课，能够更好地完成训练计划，提高学生的训练水平，并贯彻好科学系统的训练原则。根据教学大纲的具体任务和要求，来对训练课的内容、顺序、要求和进度做出合理的安排，这就要求教师把握好教学大纲的精神和思想。训练课的进行不是随意而为的，而是以学生运动员的心理和生理特点、篮球运动的特点以及运动规律为主要依据有针对性地进行的。

1.篮球训练课的结构安排

在安排篮球训练课的结构时，重点是对准备部分、基本部分和结束部分的具体内容进行合理的安排，同时也要对不同课的部分所占的比例关系做出合理安排。

（1）准备部分

①主要目的

从生理和心理方面促使学生做好承受较大和最大运动负荷的准备，从而更好地避免在训练中出现运动损伤，这是训练课准备部分的主要目的。

②主要任务

篮球课的主要训练任务包括以下两个方面。

a.对学生进行组织，集中学生的注意力，以保证教学效率的提高。b.增强学生神经系统、内脏器官以及各肌肉群的活动，提高学生的兴奋性，以进一步增强课程的学习气氛。

③主要内容

首先，由班长、队长或值日生来进行集合整队，并清点队列的人数，并向教师汇报；教师进行考勤检查，并向学生说明本次课的训练任务和要求。准备部分所安排的训练内容主要是由基本部分的教学和训练内容决定的。也就是说，准备活动要根据基本部分的教学和训练内容需要来进行有针对性的选择练习。一般来说，在准备部分主要安排各种走、跑、跳练习，以及各种控制球、支配球和徒手体操以及相应的游戏练习。在训练课中，除了要安排一般性的准备活动之外，还要针对具体实际需要进行专门性的准备活动。

④组织方法

集体形式是课的组织通常采用的主要组织方法，但这并不是说所有的教学和训练都要采用集体的形式来组织开展，也存在一些特殊情况，如根据实际需要，在训练课中可以安排一定时间的个人特殊准备活动。

⑤时间安排

准备部分的主要目的和任务就是在教师的组织下使学生尽快地进入训练状态。在一堂训练课中，身体的准备活动是必不可少的，该部分内容所占的时间，一般为15～20分钟。通过准备活动，既能够提高和集中学生的注意力，充分放松身体，同时还能够为基本部分的练习做好准备。

（2）基本部分

①主要目的

训练课的目的既包含了教学课的主要目的，又要着力提高学生的比赛能力和适应能力。

②主要任务

篮球运动训练课的主要任务是，根据篮球运动教学大纲的具体要求和训练计划的具体安排，通过不断创造出更加有利的训练条件，来促使学生更好地掌握和提高篮球运动技战术水平和技能，并促使学生的运用能力得以有针对性的提高。

此外，通过安排大运动量和大负荷强度的训练，在循序渐进的过程中，促使学生的运动素质得到全面发展，增强学生体质，提高学生的篮球运动水平和技巧，增强学生的篮球意识；同时，加强学生的思想道德教育和心理训练，培养学生顽强的拼搏精神和良好作风。

③主要内容

根据具体的篮球运动训练课的训练计划，采用各种练习方法和手段以及比赛，来促使学生的各项素质和能力得到发展，提高学生的实践能力，这就篮球运动训练课的主要内容。常采用的练习方法和比赛主要有个人的、小组的、全队的身体练习、技术和战术练习、教学比赛、对外比赛等。此外，根据每一个时期的具体训练任务，来循序渐进地增加运动强度和运动量，以促使学生的各项素质和能力得到最大限度的提高。

④组织方法

对于篮球运动教学课来说，基本部分是其重要组成内容和核心，对教材内容进行合理的安排，来组织开展教学活动，是其中主要的组织方法。在针对教学课安排教材内容时，通常情况下，是先教授新内容，然后复习旧内容，并相应的强化和巩固，最后安排一些运动量较大的教学比赛或提高学生身体素质的专门练习。在开展实践课教学时，要根据课的任务和学生的具体情况以及课的时间、场地、器材等条件，来对适宜的练习方法和手段进行有针对性的选择。

需要提醒的是，在篮球运动教学过程中，必须始终坚持贯彻循序渐进的原则，这主要从以下两个方面体现出来。

第一，在教授篮球运动技术时，要先对单个动作进行教授，然后将单个的技术动作组合来进行练习，最后在比赛中进行运用。

第二，在开展篮球运动战术教学时，首先要对基础的配合进行传授，然后教整体的配合，最后在比赛中运用这些简单和复杂的战术。

⑤时间安排

从时间上来看，高校目前的篮球运动教学课为两节课连上，时间为70分钟左右。在全课时中，训练课的时间占到70%左右。

（3）结束部分

①主要目的

在结束部分，其具体任务是通过安排一些整理活动来帮助学生把体内已经积存的乳酸快速消除掉，并使在运动时出现的氧债得到一定程度的补偿，并帮助参与运动的肌肉快速恢复到运动前的状态，最终使学生能够从生理上逐渐平复下来，心理上恢复到平静状态。

②主要内容

在结束激烈的训练之后，通过安排相应的整理活动，来帮助学生从激烈的运动生理状态和紧张兴奋的心理状态之中逐渐平复、缓和，进而恢复到训练之前的状态。该部分的主要内容包括一些有关慢跑、游戏、放松练习和注意力转换的练习，此外还可以适当选择一些运动量不大的投篮、罚球练习等。

在结束训练课之前，教师还要组织学生进行讲评，并做出小结。常采用的形式主要有两种。一是由教师针对本次课的内容做出小结；二是师生共同对本次教学课做出小结。做出的小结要有针对性，要简明扼要；要以表扬为主，并以批评为辅；以正面教育为主，尽可能减少进行负面教育，以防止对学生参与训练的积极性产生影响。

③时间安排

在篮球运动教学课的结束部分，其时间一般安排为5～10分钟，训练课的结束部分时间为15分钟左右。在具体实施的过程中，应做好以下几点。

a.要针对训练负荷做出科学、合理的安排

在训练工作中，合理安排运动负荷，并进行大运动负荷训练是重要的内容，对快速提高学生的身体素质和技战术水平都具有非常重要的意义，能够促使学生更好地适应篮球运动实践需要。训练课的内容安排得是否科学、合理、符合运动规律，在很大程度上决定着这堂训练课是否成功，当然，运动负荷的控制也不例外。

b.要保证充足的训练时间

篮球运动教学训练具有其自身的特点，也就是说学生既要参与篮球运动训练，同时还要进行相应的文化课学习，由此可见保证训练时间的充足有着非常重要的意义。通常来说，篮球运动训练的时间为1.5～2小时。这就需要教师在有限的时间里，对运动量进行科学、合理的控制，并掌握好篮球运动训练的效果，以确保运动训练任务得以顺利完成。

（3）训练方法和手段要科学

为了更好地组织一堂训练课，教师既要确定训练的具体目的和任务，同时还要制定出合理、科学的训练方法和手段，更好地安排和组织各项练习。也就是说，只有对训练方法进行正确的掌握，合理运用训练手段，才能使训练效果更加理想，才能保证学生的身体素质和技战术水平得到提高。

（4）训练组织形式要合理

篮球运动训练有着很多种组织形式，在篮球运动训练中，训练课是最为重要的组织形式，此外，早操和个人训练等也是其常见的组织形式，从而与集体训练形成互补。

2.训练课的内容安排

训练课主要包括四个方面的内容，即学生的组织、练习的组织、课程时间安排，以及运动负荷的安排。下面进行简要分析。

（1）学生的组织

学生的组织形式主要有两种，分别是集体训练和个人训练，通常来说，在具体实践中这两种训练形式都是结合使用的。

（2）练习的组织

练习的组织内容主要是安排训练课的作业内容和程序。一般来说，基本技术练习是首先要进行的，然后就是战术配合，再就是进行全队战术训练，最后开展相应的教学比赛训练。

（3）课的时间安排

篮球课的时间主要有45分钟和90分钟两种。通过合理运用课的时间，能够确保教学任务顺利完成，并保证教学活动顺利开展。此外，在安排篮球运动教学课的时间方面，常见的安排方法是，60%的时间用来学习内容，40%的时间用来对学习内容进行巩固和复习。

（4）运动负荷的安排

在篮球运动训练课中，对运动负荷的合理安排是非常重要的环节。所组织安排的训练内容是否合理、是否与客观规律相符合，是决定一堂篮球训练课是否成功的重要因素。此外，对运动负荷进行合理控制也是非常重要的。在篮球训练课中，合理安排运动负荷和如何进行大运动负荷训练是一个不可避免的且非常重要的问题。只有将这一问题解决好，才能最大限度地提高学生的身体素质，提升其技战术训练水平，这是与具体实践需要非常相符合的。

由此可以看出，运动负荷要根据学生的具体实际来确定；在不断增加运动负荷的过程中要始终贯彻和遵循循序渐进的原则，从小到大。此外，根据各个时期，各个训练阶段的具体任务来确定每次训练课的密度和负荷强度。通常来说，一次课要出现几次负荷高峰。一般是进入基本部分的前段时就应出现第一个高峰（较高），第二个高峰出现在到基本部分后段时。同时，还要注意保持训练的系统性和完整性。

（三）篮球观摩讨论课的具体实施

与其他类型的篮球课程相比，篮球观摩讨论课有着更为灵活的形式，其主要目的和任务就是要促使学生的表达能力得到提高，并使学生得到分析和观察能力，以使学生的创造性思维得到激发。这种形式主要在进行篮球运动规则与裁判法以及进行篮球运动技战术分析等教学时采用。

在组织开展篮球运动教学观摩讨论课之前，教师将观摩的内容、观察重点和需要解决的问题以及纪律等方面的具体要求向学生说明。观摩对象既可以是篮球课或篮球比赛，也可以是有关篮球运动技战术的录像片或电影等。在观摩的过程中，要求学生做好笔记，将自己的体会和感想予以记录，并提出疑问，以为接下来的讨论做好准备。

在观摩讨论的过程中，教师要做引导性发言，围绕本次课的议题，组织学生进行民主式的发言。对于不同的意见，要给予学生鼓励，以开展激烈的讨论。

在篮球观摩讨论课结束时，教师应做总结性发言，对讨论的问题和学生的讨论情况进行评述，评述讨论的问题和学生的讨论情况。未能得出结论的问题可以留待日后或下次课上继续探讨。

（四）篮球实习课的具体实施

促使学生篮球运动学习和训练能力、组织竞赛能力以及裁判水平得到不断提高是开展篮球运动实习课的主要目的。

在实习开始时，对于参与实习的人数，教师要进行检查和确定，并指导学生做好准备工作。

在实习过程中，教师要做好观察和记录工作。

在实习结束时，针对学生的具体实习情况，教师要做出及时的评价，同时也可以鼓励学生参与实习课的讨论和讲评。所有参与实习的学生要写出实习总结，从而为提高自身的学习能力打好基础。

第三节 高校篮球运动教学课的实践指导

一、备课

对于老师来讲，备课是其必做的功课。在备课的过程中，教师要做好以下几个方面。

（一）认真钻研教材

通过对教材进行认真钻研，能够更好地帮助教师对篮球运动教学课的内容进行合理把握，并根据学生具体实际来选择适宜的教学内容。详细地说，教师应做好以下几方面工作。

（1）对篮球运动教学大纲进行研究，并根据本学科的教学总目标以及各个单元、本次课的具体教学目标来更好地学习和领会篮球运动教学的基本要求，准确地把握篮球运动教材体系的深度和范围。（2）对于篮球运动不同的教学内容，教师要进行有针对性的筛选，并同时研究所选定的多项教材中的难点和重点，以及前后的联系，做好总结工作。

（二）深入了解学生

在篮球运动教学中，学生是主体。在篮球运动教学课实施的过程中，只有做到将课堂教学活动与学生的具体实际和需要相符合，才能更好地促进学生的发展。这就要求，教师要全面了解学生，包括学生的身体健康、基础知识、运动能力水平、认知能力、个性特征、学习态度、兴趣需要等等。

（三）选择教学方法

在进行篮球运动教学备课的过程中，教师要根据篮球运动教学的任务要求、教材的具体性质、学生的具体实际以及学校现有的场地器材条件等，来对篮球运动教学中所使用的课堂教学方式进行合理的设计，并确定篮球运动教学活动的具体类型和结构。

（四）正确编写教案

这里所说的教案，其实就是课时计划。教案是对每一堂课具体深入的教学准备，同时也是对师生课堂上预期的教学活动的描述和设计。备课的最终结果就是编写教案。在了解教学对象和钻研教学内容的基础上，教师通过对教学组织设计来编写教案。对于体育教师来说，教案是其进行体育课堂教学的直接依据。

一个教案的完整内容主要包括以下几个方面：教学目标、教学内容、教学方法、本节课教学重点、运动负荷以及场地器材等，有的教案中还有课后记录等。

在编写教案的过程中，为了更好地保证教案的可行性和质量，教师必须重视以下几个方面。

（1）教案的编写要以教学大纲的具体要求和学校的相关规定作为依据。（2）体育教师要对学生的具体实际情况进行如实详细的记录，如体育基础、体育骨干、伤病情况等，同时要考虑到场地、器材的实际情况等。（3）教案的编写必须符合规范，在详略程度方面要做到合理。（4）在备课时，要做到语言精练、准确，正确运用教法。

（五）设计教学过程

教学过程既是一个比较特殊的认识过程，也是一个能够促进学生发展的过程，它是为了促使体育教学目标的顺利实现而计划和实施的。

1. 篮球运动教学过程设计的原则

在对篮球运动教学过程进行设计的过程中要遵循以下几个基本原则。

（1）发挥教师主导作用原则

在篮球运动教学中，体育教师是信息的传递者，教师在篮球课堂教学中除了对信息进行编码、讲解内容之外，还要发挥主导作用，由对知识进行单纯的讲解转变为对学生掌握知识内容进行引导，引导学生能够自行、主动地获取知识和培养能力。

（2）以学生为学习主体原则

学生在篮球运动教学过程中的主体作用主要表现为，对学生的学习积极性进行充分发挥，使他们拥有更多的参与机会，使师生之间的双边活动得以活跃，从而促使学生能够从过去的被动接受知识转变为主动获取知识。

（3）体现篮球教学方法原则

篮球教学方法是为了更好地实现学校篮球运动教学目标，体育教师和学生共同采取的方式，它主要包括体育教师教的行为和学生学的行为，在对篮球运动教学方法进行选择时，必须考虑篮球运动的专项特点、学生特点、具体的教学目标和所选用媒体的特点。

（4）教学媒体优化原则

教学媒体的系统功能要想在篮球运动教学过程中充分发挥出来，就必须将多种媒体进行组合，形成一个更为优化的结构来实现，这就要求篮球运动教学媒体对各种媒体的优化组合进行考虑，使它们各施所长、互为补充、相辅相成，为提高学生的学习兴趣服务。

（5）遵循学生认知规律原则

在对篮球运动教学过程进行设计的过程中，必须遵循对学生的认知规律，只有与学生特有的认知要求相符合，才能获得更好的满意效果。随着年龄的增长以及知识经验的积累，学生的认知能力也会提高，这就要教师求在篮球运动教学设计的过程中对这一点进行充分考虑。

2. 篮球教学过程的设计

教学过程的表述是采用类似于计算机流程图的形式，把复杂的教学过程分解为相对简单的几个环节，将教学过程中各个要素之间的关系很好地显示出来。这既能够对教学过程进行优化，同时还能够保证教学过程得以有序开展。

我国高校篮球运动课堂教学过程中，练习型、示范型、探究发现型三种形式，具体内容如下。

（1）练习型

这种类型的教学过程以篮球运动技能的练习为主，在具体操作过程中，教师需要借助媒体或进行动作示范，将动作的路线、结构等主要动作要领，以及动作变化发展过程传授给学生，学生通过感觉器官来进行观察和模仿动作练习。

（2）示范型

对于那些需要进行运动实践的体育教材内容来说，示范是在设计体育教学过程中所必不可少的手段和途径。示范教学过程在篮球运动教学中有着非常广泛的应用，该类型的教学过程能够将篮球运动教学以身体活动作为主要形式的学科特点充分体现出来。

（3）探究发现型

探究发现型在篮球运动教学中主要用来组织学生进行观察、思考、探究原因、寻找规律等，这是教学生学会体育学习的主要教学方法。如表现为某一动作技能的结构或原理等，这样能够使学生的学习主动性和积极性得到充分激发和调动，更好地培养学生发现问题、探究问题、解决问题的能力。

在对篮球运动教学过程进行设计的过程中，教师要对教学内容的特点以及学生对篮球运动基本理论和技能的掌握情况进行充分考虑，同时结合具体的课堂教学目标，来对符合学生学习和发展需求的教学过程进行合理选用和设计。

（六）准备场地器材

对于体育教学活动来说，场地器材是其基础，篮球运动教学同样也离不开教学场地、器材、设备，这些都是开展篮球运动教学活动非常重要的资源。在组织开展体育课前，体育教师要准备好课上所要使用的器材、场地，这是上好体育课的物质保证。此外，针对场地和器材，教师要认真规划场地，并科学布置器材。

二、课堂管理

通常来说，篮球运动教学是学生学习篮球运动基本理论知识的重要途径，因此对篮球运动课堂教学加强管理有着非常重要的意义。下面就篮球运动教学课堂管理进行详细阐述。

（一）课堂管理的目的与要求

1. 篮球运动教学课课堂管理的目的

对于高校篮球运动教学课来说，其有着非常明显的课堂教学管理目的，主要体现为：向学生传授篮球运动文化、基本理论知识、技战术和机能等，同时培养学生参与篮球运动锻炼的兴趣、积极性和主动性，进一步提高学生的活动能力和身体健康素质，培养学生的终身体育观念和意识，以为社会培养全面素质的人才。

2. 篮球教学课课堂管理的要求

进行篮球课堂教学管理需要做到相关的一些基本要求，具体来说，主要涉及以下几个方面。

（1）突出篮球教学管理特色

篮球运动教学管理应突出以下几点。

①思想管理方面，要将学生需要与社会需要、育体与育心、校内体育教育与社会终身体育有机结合起来。②教学内容管理方面，将文化性与健身性、知识性与实践性、灵活性与统一性、民族性与国际性有机结合起来。③教学宏观控制方面，将统一要求与分类指导、业务督导与行政管理有机结合起来。④体育教学评价方面，将基本评价与特色评价、专题结合起来。⑤教学过程管理方面，将以情导教与以理施教、教师主导与学生主体、活泼的教学气氛与严厉的课堂纪律、培养刻苦精神与学生兴趣激发结合起来，从而培养出高素质、全面型的篮球运动人才。

（2）加强教学管理的科学性和专业性

篮球运动教学活动包含了很多内容，并且非常复杂，也具有非常强的专业性。因此，在篮球运动教学过程中，体育教师要准确把握篮球运动教学机制，并进行渗透化管理，同时还要定期或不定期地检查篮球运动教学管理的效果，从而建立起科学有效的篮球运动教学管理机制。

（3）检测篮球教学的质量和效果

对篮球运动教学课堂加强管理，目的就是促使篮球运动教学的效果和质量得到有效提高，它要求既要在整个篮球教学活动过程中进行落实，又要在高校篮球运动教学管理的所有环节中进行有效落实。

此外，体育教师在篮球运动教学过程中要充分发挥自身的管理主体作用，控制好其他的教学因素，以保证篮球运动教学活动顺利开展。

（二）课堂教务管理

1. 编班

编班是高校篮球运动教学中进行教学管理的重要内容之一。篮球运动教学要参与到具体的编班过程中，并且要将篮球运动专项的特点和学生的学习与发展要求充分体现出来。此外，编班要结合每名学生的具体实际来进行。

具体来说，在篮球教学课程编班的过程中，应对以下事项引起注意。

（1）混合编班是我国目前高校采用的主要形式。在进行混合编班的过程中，学校要针对各班体育基础好与差的学生以及男女学生比例尽可能地安排妥当，以更好地保证学生共同发展。（2）在编班的具体过程中，要重视不同学生的合理搭配，以保证能够顺利开展篮球运动教学活动。（3）在进行编班的过程中要对每个学生的篮球技能水平和运动基础进行充分考虑，以合理地对不同班级的学生进行分配。

2. 安排课表

在安排篮球教学课表时，为了保证课表的可行性和合理性，需要对以下几个方面引起注意。

（1）作为一项教学活动，篮球运动教学以肢体活动为主，这就需要学生在活动能够中保持高度的注意力，因此在对篮球运动教学课表进行安排时，最好将课安排在上午的第三节和下午。（2）要将每个班每周各个体育课之间的时间间隔控制在合理的范围之内。在安排篮球运动教学课时，还要对其他体育项目的课程时间进行安排。（3）如果教学的进度相同或者内容一致，可将不同的班级统一起来上课，但是，要对一次课教学的人数进行有效的控制。（4）对场地器材进行有效的布置和使用，同时还要注意做好器材的保养工作。

3. 有效控制课堂教学

（1）体育教师的上课管理

体育教师既是篮球教学中的教学者，同时也是管理者，由此可见，做好篮球运动教学课堂管理工作是促使篮球运动教学质量得以提高的重要基础。在篮球运动教学课堂管理方面，体育教师的主要工作包括建立课堂常规，做好思想政治工作，对学生的积极性进行调动，进行合理分组，运用多种教学方法和手段，掌握好运动密度和强度，使用运动场地和器材，采用各类安全保护措施，以及确定教师和学生的服装要求等。

篮球运动教学目标的顺利实现是以篮球运动课堂教学活动顺利开展为前提的，这也是整个篮球运动教学计划得以完成的重要基础。这就要求体育教师高度重视篮球运动课堂教学的控制。

必须引起重视的是，篮球课堂教学文件的制定对篮球教学实践起着积极的导向作用，而在篮球教学的实践过程中，已经制订完成的教学计划常常会和教学的实际情况产生矛盾。例如篮球考核课某一考试标准可能定得有点高，从而使得很大一部分学生都不能及格；或者在篮球教学过程中出现了场馆器材条件不能使教学需要得到满足的现象；或者由于某些客观原因使得某一个单元的篮球教学课产生多次连续的缺课，造成教学计划无法按时完成或者无法保质保量地完成。这些问题都会在一定程度上阻碍篮球教学活动的开展，因此，这就要求体育教师在篮球教学过程中及时发现上述问题并及时控制篮球课堂教学中产生的各种矛盾，以便于合理安排篮球课堂教学活动，使篮球教学课程顺利开展。

（2）高校对体育教师的上课管理支持

在教学中，上课是教师开展教学和学生学习知识最为重要的形式，高校管理者要对体育教师提供相应的支持，以更好地促进体育教师顺利完成上课管理。

在目前的学校体育教学管理系统中，要充分发挥控制职能必须将一定的机构作为基础，但控制机构在体育课堂教学控制过程中并不是单独存在的，它是与体育教学部、器材室、教研组等组织机构是同一个。但这样做，会造成一个组织机构承担了过多的职能，这在体育课教学控制方面会造成一定程度的阻碍。这就要求高校相关管理部门要像其他文化课程一样给予体育课教学同样的支持和关系，并提出相关要求。高校相关部门及领导应积极主动地深入课堂，对体育教师的教学情况进行充分的了解，使对体育课的检查与督导力度进一步加大，同时，应积极组织一定的示范课、公开课、研究课等多种课型，并对其进行积极的探讨。对于体育课，高校要尽可能地提供必要的条件，以使体育教师更好地解决教学过程中所遇到的各种问题，以为体育教师创造出良好的教学环境，并进一步促进教学水平快速提高。

具体到篮球运动教学课的管理来讲，对篮球课堂教学的控制一定要职责明确、责任到人，充分发挥教师在篮球教学管理和篮球教学过程控制中的作用，给予教师一定的管理权力和管理弹性。

（三）教学训练管理

1. 个人训练管理

个人训练的主要目的是提高学生对篮球技战术的掌握和熟练程度，进一步改进个人技术动作的缺点和不足，发展各项运动素质和能力。对于集体训练来说，个人训练是其补充和辅助，学生通过独立思考和反复实践，以更好地领悟篮球运动技战术的规律和运用技巧，并逐步形成自身的技术风格。此外，需要注意的是，在对个人训练进行安排的过程中，要结合学生的具体实际、教学目的和教学任务等，进行有针对性的安排，以保证获得更为理想的训练效果。

2. 班级训练管理

一般来说，学校的班级体育锻炼实行的形式是以班为单位分成若干小组，这些小组在班干部和锻炼小组长带领下开展具体的体育训练活动，因此这就要求班主任和体育教师合理指导并管理班级体育训练，从而使班级体育训练取得良好的效果得到有力的保证。

目前，在时间、内容、生理负荷和组织等方面，班级体育锻炼都提出了很多具体要求，这就要求在组织班级篮球运动教学训练时以及选择篮球运动教学内容时，要将其与训练结合起来，以保证学生学习的有效性。

对于学生来说，早操是其训练生活的一个重要环节。其主要作用是消除身体疲劳，增进健康，并在生理和心理方面为当日的训练任务做好准备。此外，还能够进一步增强运动器官的发展，对技术动作进行强化和改善。在早操内容选择方面，教师可以考虑将篮球运动的一般体能训练纳入其中，鼓励学生积极学习篮球，具体要根据训练任务、目标、客观条件以及学生的实际情况等进行有针对性的选择和运用。这里需要注意的是，要合理安排适宜的早操运动时间和运动负荷，否则会影响学生学习和篮球教学课中的专项运动训练。

（四）意外事故管理

篮球教学，是以身体练习作为主要内容的，这就造成教学过程中很难避免出现一些运动损伤和运动疾病，甚至一些意外伤害事故。这就要求教师在教学过程中加强对学生意外伤害事故的管理。

当发生意外事故时，教师应根据意外伤害事故的性质做出正确的判断并实施相应的抢救措施，轻伤者可送医务室治疗，重伤者或者生命危险者应立即转送医院抢救；接着及时通报。

当学生出现重大的意外伤害事故时，教师要将伤害事故发生的时间、地点、原因、后果与处理措施等具体情况及时汇报给学生家长、学校领导和当地派出所或有关部门，并填写相关的意外伤害事故报告。填写的报告内容要实事求是，必要时提供相应的人证、物证。如果出现意外死亡情况，最好请当地的法医进行鉴定报告。

三、课后总结

（一）课堂情况总结

对课的任务完成情况进行总结是课后总结最重要的工作，这主要包含以下内容。

首先，对本次篮球教学课的任务完成情况、教学内容完成情况、课堂组织的合理性、内容安排的合理性、时间分配的可行性等进行总结。

其次，对在本次篮球教学课中教师的执教情况进行总结，并对教师的教态、讲解示范效果、教学方法、教学方法对完成课的任务的得失进行分析。

最后，对本次篮球教学课中学生的学习情况进行总结，内容包括学生是否按教师的要求完成了计划规定的练习内容，掌握知识、技术、技能的有效程度如何，有多少学生能初步学会，或基本学会、基本掌握所学内容。

（二）发现教学问题

1. 教师的自我评价

客观、全面地评价教师在篮球教学课中的具体表现，在进行具体评价过程中要考虑以下两个方面。

（1）是否合理地组织队列、调队。（2）在讲解和示范动作中是否存在问题，包括示范位置、教学进程、内容顺序、对错误动作纠正等，有哪些没有解决的问题。

2. 对学生的评价

在评价学生的过程中，能够找出篮球教学课中存在的不足和问题，具体内容如下。

（1）在课堂上，学生的练习积极性、组织纪律性。（2）在练习中，学生普遍存在的问题和个别存在的问题。（3）学生的接受能力以及掌握和理解能力等。

（三）提出改进对策

（1）针对篮球运动教学的内容、形式、手段、练习方法等方面，要广泛地收集和分析意见，从而为接下来的篮球运动教学提供参考依据。（2）结合课的时间分配、练习强度、课的密度等方面，以及学生课上的表现来进行分析，以为接下来的篮球运动教学提出改进设想和对策。（3）结合教师讲解、示范动作、示范位置对学生学习效果的影响，以为更为充分地发挥教师的主导作用提出改进措施。（4）对于本次篮球教学课的内容，要分析学生的认识、理解、学习情况，以为更合理地安排篮球运动教学内容提出良好的建议。

第四章　高校篮球运动的安全营养保健

第一节　高校篮球运动的合理营养补充

一、高校篮球运动的科学营养

（一）营养概述

营养是一种系统全面的生理过程，这个过程从人体摄取外界食物开始，经过消化、吸收和代谢，最后利用食物中对身体健康有益的物质来维持生命活动。

营养素是指人类为维持生命活动而摄取的外界食物中的养分。营养素是人类维持生命活动、促进健康发展的最根本物质。如果未均衡吸收营养素，就会对人体健康水平与活动能力造成不良影响。人体需要补充的营养素有六大类，分别是水、糖类、脂肪、蛋白质、矿物质和维生素。

1. 水

水是人类维持生存的重要营养素，人类离开水将无法生存。人体内含量最多的成分就是水，水约占成人体重的 2/3。如果人体内缺水，就会影响正常的生理功能。水的营养功能主要体现在以下几个方面。

（1）水能够使腺体分泌保持正常。（2）水参与人体正常的代谢过程。（3）水能够调整并维持正常的体温。

人体所需水的主要来源是饮料和食物。通常，成人每天需要补充的水分是 2000～2500 毫升，大学生在高校篮球运动中补充水分的量具体要以年龄、气候和运动强度等情况为依据。

2. 糖类

糖类还被称为"碳水化合物"，碳、氢、氧是糖类的主要构成成分。根据糖类分子结构的差异性划分，可以将糖类分为单糖、双糖和多糖三大类。单糖包含半乳糖和葡萄糖，双糖包含蔗糖、麦芽糖和乳糖，多糖包含纤维素、淀粉、糖原和果胶。糖类的营养功能主要体现在以下几个方面。

（1）糖类提供机体所需的能量，维持机体正常的生理活动。（2）糖类有利于有效吸收和利用蛋白质。（3）糖类能够构成细胞和神经，具有重要的作用。

米、面、谷类、土豆、水果、甜食、牛奶、糖果、蔗糖、蜂蜜等日常主食、蔬果、饮料和甜品中含有大量糖类，这些糖成分能够满足人体正常的生理功能需要。

3. 脂肪

组成脂肪的几种主要元素是碳、氢和氧，作为人体重要的组成成分，脂肪在人体内具有举足轻重的作用。脂肪的营养功能主要表现在以下几个方面。

（1）脂肪是构成人体组织细胞的重要成分。（2）脂肪包围着人体器官充当脂肪垫，主要用来保护人体器官和神经，以免器官和神经受外伤。（3）脂肪能够维持人体体温，并可以有效保护人体的内脏器官。

猪油、羊油、牛油、奶油及蛋黄等动物性食物是脂肪的主要来源。除此之外，大豆、芝麻、花生等植物性食物中也含有较多的脂肪。

4. 蛋白质

蛋白质是一切生命的基础，是构成细胞的主要成分。蛋白质的主要构成元素有氧、碳、氢和氮。根据食物蛋白质的营养价值划分，蛋白质可分为三大类，即完全蛋白质、不完全蛋白质和半完全蛋白质。蛋白质的营养功能主要表现为以下几个方面。

（1）蛋白质是构成和修补机体组织的重要物质，保证机体正常的生长发育。（2）糖类和脂肪不能完全提供机体需要的能量时，蛋白质能够补充一定的热量。（3）蛋白质可以构成抗体，抗体具有免疫作用，能够增强机体抵抗细菌和病毒的能力。

蛋类、豆制品、鱼、小麦、肉类、坚果、乳制品等食物是蛋白质的主要来源。一般来说，动物性蛋白质要比植物性蛋白质更优质。大学生的锻炼强度和年龄等因素会影响蛋白质的摄入量。

5. 矿物质

矿物质也被称为"无机盐"，主要包括两大类：一类是含量较多的常量元素，包括钙、钠、磷、镁、氯、钾、硫等；另一类是含量较少的微量元素，包括铁、锌、碘、铜、硒、氟、锰、硅、锡等。矿物质的营养功能主要表现在以下几个方面。

（1）矿物质是构成机体组织的重要成分。（2）矿物质能够保持机体内的酸碱平衡。（3）矿物质有利于合成与利用机体内的其他营养物质。

奶和奶制品是矿物质中钙的主要来源；动物内脏（特别是肝脏）、血液、鱼、肉类是铁的主要来源；动物性食物是锌的主要来源。

6. 维生素

维生素也称"维他命"，维生素是维持机体健康所必需的营养素。维生素主要分为两大类：一类是脂溶性维生素，包括维生素 A、维生素 D、维生素 E、维生素 K 等；另一类是水溶性维生素，包括维生素 C 族、维生素 B 族。维生素的营养功能主要表现在以下几方面。

（1）维生素 A 的功能主要是健齿、健骨、润肤、助消化等。（2）维生素 B 能够促进能量代谢及糖代谢生成 ATP（三磷酸腺苷）。（3）维生素 C 具有抗氧化、缓解疲劳、缓解肌肉酸疼等作用。

动物的肝脏、深绿色或深黄色的蔬菜、红色或黄色的水果、蛋黄等是维生素 A 的主要来源；米、面、核桃、花生、芝麻和豆类等粗粮是维生素 B 的主要来源；水果、叶菜类、谷类等是维生素 C 的主要来源。

（二）高校篮球运动的营养需求

1. 水

一般情况下，当人体出现口渴时，就已经丢失了 3% 的水，这时机体处于轻度脱水的状态。机体脱水容易造成运动能力下降，所以要提前补水。大学生进行篮球运动主要分为以下三个阶段补水。

（1）课程前补水

大学生要根据课程情况、气候和自身的情况进行运动前补水，这是很有必要的。课前补水可以防止运动过程中发生脱水现象。一般认为大学生在进行篮球运动前 2 小时饮用 0.4 ~ 0.6 升的含电解质和糖的饮料，或篮球运动前补 0.4 ~ 0.7 升的水较为适宜。补水要遵循少量多次原则。

（2）课程中补水

大学生在篮球运动中的补水量要根据出汗量来确定，通常，运动中的补水总量不超过 0.8 升/秒。总补水量不超过总失水量的 50% ~ 70%，如果大学生篮球运动时间不超过 1 小时，只需要补充纯水。

（3）课程后补水

很多大学生在篮球运动中补水不足，因此在课程后的补水就显得很重要。课程后适宜补充含糖的饮料或水，这样有利于恢复血容量。课程后不能大量补水，补充大量水分会使出汗量和排尿量增加，从而加速丢失人体的电解质，对肾脏和肝脏造成重大负担，造成胃扩张，对呼吸不利。

2. 能量

大学生进行篮球运动要消耗大量能量，因此，大学生每日不仅要摄入满足正常生理发育的能量，而且要补充篮球运动中消耗的能量。篮球运动的负荷越大，就会消耗越多的能量，摄取的膳食能量也应随之增加。

身体素质训练是篮球运动必备的。通常大学生在进行身体素质训练中的耐力练习时消耗的能量较多，因此需要供给较多能量。大学生进行中等强度的耐力运动超过 30 分钟，肌糖原消耗接近耗竭，但氧供应仍然充足，这时机体开始大量利用脂肪分解供能。

因此，大学生在进行篮球运动中的有氧耐力训练时，应吸收含有充足糖和脂肪的食物。

大学生在进行篮球运动期间，饮食中脂肪的供给要适量。过多食用脂肪会影响人体吸收蛋白质和铁等营养素，而且脂肪不易消化，会在胃内停留过长时间，从而影响运动。大学生参加篮球运动时，膳食中的脂肪含量在25%～30%较为适宜。

糖是大学生在篮球运动中的主要能量来源，大学生的耐力与体内肌糖原水平是正相关关系。肌糖原水平低，大学生在篮球运动中易疲劳。因此，大学生要注意补充糖。

补糖的特点因篮球运动性质不同而不同。若大学生进行短时间、低强度的篮球运动，则不需要补糖；若进行超过80分钟、大强度的篮球运动，则需要补糖。运动前补糖的时间主要集中在15分钟前，两小时或两小时前；运动中补糖可以提高血糖水平，延缓运动中出现疲劳；运动后补糖可以促进糖原的恢复。

3. 蛋白质

大学生在篮球运动中需要补充的蛋白质量与下列因素有关。

（1）篮球运动的状态。大学生在大运动量的篮球运动初期，由于细胞损伤增加，因此要增加蛋白质补充量。（2）篮球运动的类型、强度、频率。长时间剧烈的篮球运动非常考验耐力，会加强蛋白质代谢，从而要增加蛋白质补充量。（3）热能短缺和糖原储备不足时，将增加蛋白质的补充量。（4）大学生如果要减轻体重和控制体重，需要适当补充蛋白质营养密度高的食物。

大学生在进行篮球运动过程中，要注意保持蛋白质营养的"正平衡"状态，同时蛋白质的补充量要根据体育训练的不同类型而有所变化。大学生进行力量训练时，蛋白质供给量是每日总能量的15%～18%，力量训练时蛋白质的供给有利于强壮骨骼肌和增加肌肉力量。进行其他形式的练习时，蛋白质供给量一般是每日总能量的14%～16%。

4. 维生素

维生素的主要作用是维持和调节机体正常代谢。人体内无法合成或者不能充分合成大部分维生素，因此体内的维生素无法满足人体需要，需要通过食物摄取。大学生如果在日常饮食中缺乏维生素的补充，就会影响身体健康水平，出现维生素缺乏症。因此参加篮球运动课程的大学生要保证饮食中维生素的充分供应，以提高自身的运动能力。

二、膳食平衡

（一）膳食平衡的原则

膳食平衡是指膳食中所包含的各种营养素和热量要比例适当、种类齐全，能够满足机体的各种运动所需的营养。如果运动者膳食补充不平衡，则会影响机体正常生理功能的发挥，严重者会引发相应的营养缺乏或是营养不足症状。膳食平衡原则应做到以下三点。

1. 全面性

全面性原则要求，在膳食方面各种营养素的摄取应全面。人体需要的营养素众多，包括蛋白质、脂类、碳水化合物、维生素、无机盐、水、纤维素等。这些营养素都对人体具有独特的作用，如果有所欠缺，就会影响人体的某项生理功能。因此，运动者的日常饮食一定要全面，避免食物的单一化和长期固定化。

2. 平衡性

平衡性是指各种营养素的供给应与人体之间形成相对的平衡，供应量既不能过剩也不能短缺。篮球运动训练的负荷量相对较大，因此应注重高能量食物的补充；对于女性而言，要更加注重铁的补充。在不同的季节和不同的训练强度下，应适当调整饮食。营养摄入过少，不能满足需要，可发生营养不良性疾病；摄入过多，既是浪费又对机体产生负担，产生营养过剩性疾病。

3. 适当性

适当性原则是指各营养素之间的搭配要适当。饮食之间进行合理搭配能够更好地促进人体营养素的吸收和利用。在日常饮食中，要注重蛋白质、脂肪和碳水化合物之间的搭配，荤素比例要适当。膳食的适当性原则还要注重主副食品的搭配，并慎重服用营养保健品。

（二）膳食平衡的具体要求

1. 各种营养素和热量摄入的平衡

营养专家认为，人们从膳食中摄取的各种营养素在一定时期内应保持在一定的标准范围内。中国营养学会制定了相应的营养素每日供给量标准，运动者应该根据其调整食物的搭配和供应。

糖类、蛋白质、脂肪均能给机体提供热量，故称为热量营养素。糖类、蛋白质、脂肪三者摄入量的合适比例为 6.5∶1∶0.7。另外，运动者不仅要注重三大能源物质的供应，还要注重维生素、矿物质的补充。

2. 酸碱平衡

人体的各部分都会有相应的酸碱度，一般情况下人体各部分的 pH 值保持在相应的位置，如果饮食搭配不当，酸碱不平衡，会导致人体的酸碱失衡。篮球运动训练的负荷量相对较大，在运动之后人体可能会产生相应的酸性代谢物质，因此，在饮食中应该注重碱性食物的搭配。常见的酸性食品和碱性食品如下。

（1）酸性食品

动物类：鸡肉、鲤鱼、猪肉、牛肉、干鱿鱼、鳗鱼、蛋黄。

植物类：大米、面粉、花生等。

（2）碱性食品

蔬菜类：海带、菠菜、萝卜、南瓜、黄瓜、四季豆、藕等。

水果类：西瓜、香蕉、苹果、草莓等。

3. 氨基酸平衡

世界卫生组织提出了人体的八种必需氨基酸的构成比例，食物中所含的氨基酸的比例与表中的比例越接近，其越能更好地被人体所吸收利用，其营养价值也相对越高。但是多数食品其氨基酸的构成具有一定的不平衡性，这在一定程度上影响了人体的摄取。

三、大学生参加篮球运动的合理膳食营养

（一）膳食的合理构成

中国营养学会根据平衡膳食的原则，提出的膳食构成如下。

1. 膳食应注重多样性，以谷类为主

谷类和薯类、动物性食物、豆类及其制品、蔬菜水果和纯热能量食物所含的营养成分不完全相同，因此，要注重食物的多样化。谷类食物的表皮中含有大量的维生素和矿物质，因此，为了防止这些食物表层营养物质的流失，要避免碾磨得过于精细。

2. 每天吃奶类、豆类或其制品

奶类和豆类食品除了含有较高的蛋白质和维生素之外，还含有丰富的钙，具有较高的利用效率。

3. 多吃蔬菜、水果和薯类

人体的各种维生素和矿物质的主要来源是蔬菜、水果和薯类，这些事物对心血管的健康以及人体的抗病能力的增强都具有重要的作用。

4. 经常吃适量的鱼、禽、蛋、瘦肉，少吃肥肉和荤油

鱼、禽、蛋、瘦肉等动物性食物是人体优质蛋白、脂肪、脂溶性维生素、B族维生素和矿物质的主要来源。但需要注意的是，肉类食物不宜摄入过多，否则可能造成人体的肥胖。

5. 吃清淡少盐的膳食

一般认为，每人每天的食盐摄入量不宜超过6克，这对于心血管功能的正常活动具有重要作用。经常吃太咸、太油腻的食物会增加心血管疾病的发病率。

6. 食量与运动量的平衡，保持适宜体重

在篮球运动之后，人体对能量的需求会相对增加，如果能量供应不足，会造成人体的消瘦和抵抗力的下降；反之，则会造成人体的肥胖。因此，应保持食量和能量消耗的平衡。

（二）"4+1 营养金字塔"

为了保证人们日常营养摄入的合理性，营养专家提出了"4+1 营养金字塔"食物指南。

1. 第一层

第一层是最重要的粮谷类食物，它在人们的日常饮食中所占的比重最大。一般成年人的每日粮豆类食物摄取量为 400～500 克，粮食与豆类之比为 10：1。

2. 第二层

第二层是蔬菜和水果，在金字塔中占据相当重要的地位。每日蔬菜和水果摄入量为 300～400 克，蔬菜与水果之比为 8：1。

3. 第三层

第三层是奶和奶制品，以补充优质蛋白和钙，每日摄取量为 200～300 克。

4. 第四层

第四层是动物性食品，主要提供蛋白质、脂肪、B 族维生素和矿物质。禽、肉、鱼、蛋等动物性食品每日摄入量为 100～200 克。

5. 塔尖

塔尖是膳食中放入的少量的盐和糖类。

第一、二层的碳水化合物食物应提供人体所需能量（热量）的 65%；第三、四层食物中的脂肪应提供人体所需能量的 25%，这两层中的蛋白质应提供人体所需的剩余能量，约占人体总能量的 10%。

四、大学生参加篮球运动的膳食建议

（一）培养科学的饮食习惯

1. 合理安排一日三餐

（1）时间安排。人的日常三餐应保持固定，这样对肠道的消化和吸收有利。一般两餐之间的间隔时间在 5 小时左右。每次吃饭的时间也应合理安排，既不能太快也不能太慢。（2）热能安排。一般早餐占全天总热量的 30% 左右，午餐占全天总热量的 40%～45%，晚餐占全天总热量的 25%～30%。

2. 培养良好的个人饮食素养

（1）每天热量结构建议碳水化合物占总热量的 60%～70%，蛋白质占总热量的 10%～15%，脂肪占总热量的 20%～25%。（2）用餐环境保持安静、清洁，不吃街头无食品卫生许可证摊贩的食品；购买食品时应注意保质期。（3）在饮食上还要注意营养卫生，少吃太咸、太油腻的食物，不多吃油炸和烟熏的食物。（4）增强自身对营养和保健知识的认识和了解，讲究合理的膳食结构，掌握好搭配和比例。慎重服用保健类和营养类药物。

3. 合理加餐

篮球运动对于人体的能量消耗较多，因此，可考虑适当加餐。加餐的事物摄入量不宜过多，而且要以碳水化合物为主。加餐应保证不影响正常的三餐饮食。

（二）素食餐饮要适当

素食的热量和脂肪的含量相对较低，有助于避免现代病。但是素食同样具有其弊端。对于篮球运动者而言，不应做纯素食主义者，应保证机体各种营养摄入的均衡。纯素食的主要弊病表现在以下几方面。

1. 纯素食容易导致营养不良

蛋白质是人体细胞和组织的重要成分，人体各部分的组成都需要蛋白质的参与。脂肪不仅能为人体提供热量，还对大脑发育具有重要的影响。对于经常从事大运动量的运动者来说，单纯的素食并不能很好地提供人体运动所需的营养。

2. 纯素食导致微量元素和维生素缺乏

人体的各种微量元素很多来源于果蔬类食物，但是人体中的铁、锌、钙等元素主要来源于动物性食品，如铁元素主要来源于肉类和蛋类食物，钙元素则主要来源于奶类食物。素食者为了保持营养摄入的均衡，会食用多种类的食品，并且需要精心的准备，但是日常生活中忙碌的人们很难做到。纯素食的人贫血和缺铁、锌的危险较大。纯素食的人虽然不一定贫血，但是其铁的吸收率会降低。

五、篮球运动前后的饮食注意事项

在篮球运动前后，应注意以下几方面的饮食问题。

（一）避免空腹时大量运动

在空腹的情况下，人体的血糖含量会相对降低，在运动过程中可能会产生头昏、四肢乏力等症状，严重者甚至会昏厥。空腹运动训练也可能会腹痛，还会抑制消化液的分泌，降低消化功能，容易发生意外。

（二）饭后不大量运动

在饭后，人体的消化器官需要大量的血液供给，这时候进行运动训练会导致消化系统的血液流量减少，从而影响人体对食物的消化和吸收。如果在饭后进行大量的运动，会影响肠胃的蠕动，产生胃痉挛、呕吐等症状。因此，运动者应在饭后过一段时间再进行运动训练，一般可在饭后 1.5～2 小时后进行。

（三）运动中不大量饮水

在篮球运动中，由于运动量巨大，人体的出汗量也会较多，会引起人体的缺水。在补水时应注意控制饮水的量，采取少饮多次的方法来补水。可饮用功能性饮料，补充人体流失的矿物质。

如果饮水量过多，会使胃部膨胀，妨碍膈肌活动，影响正常呼吸，并对肠胃、心脏有害。在运动中大量饮水，会使人体的盐分丧失增多，从而导致人体出现四肢无力、抽筋等现象。在训练过程中，口腔和咽喉黏膜的水分蒸发或尘埃刺激、空气干燥以及唾液分泌减少等原因也可能会导致口渴，在这种情况下可用水漱口的方法来消除饥渴感。

（四）运动前不吃油腻或过咸食物

油腻食物不容易消化，肠胃需要更多的血液来帮助消化，肝脏也会分泌大量的胆汁去应付。这会造成腹胀，并且影响运动器官的血液供应。

在运动训练之前，食用过咸的食物会造成口干舌燥，如果大量饮水会影响运动的效果。

第二节　高校篮球运动的疲劳与消除

一、运动性疲劳的概念

第 5 届国际运动生物化学会议将运动疲劳作为专题进行讨论。在会议上专门提出了一个运动词汇表，将运动、劳动、功率、力量、耐力、疲劳、力竭、运动强度的定义都做了统一阐述。该次大会对运动性疲劳的定义做了统一，结束了近一个世纪的运动性疲劳定义的争论。

运动性疲劳是"机体生理过程不能保持其机能在一特定水平或各器官不能维持预定的运动强度"的现象。

这一定义得到了国内外许多专家、学者的认可，并被许多教科书和科研论文所采用。

二、运动性疲劳的外周机制

外周疲劳发生于神经肌肉接点至骨骼肌收缩蛋白。

研究表明，不同强度、时间、运动形式所产生的疲劳机制是不同的，许多学者因此提出了许多有关运动性疲劳产生机制的学说，如"能源衰竭学说""离子代谢紊乱学说""自由基致损伤学说""保护性抑制学说""突变学说"等，下面分别对这些学说进行阐释。

（一）能源衰竭学说

能源衰竭学说认为运动过程中体内能源物质大量消耗而得不到及时补充是产生疲劳的主要原因。实验证实，运动性疲劳与能源物质消耗过多密切相关，且运动强度、时间不同，消耗的能源物质不同。具体如下。

（1）在短时间大强度的运动中，机体的主要能源 ATP 和 CP 在肌肉中含量很低，仅能供应 10 秒以内的大强度运动。（2）在中等强度的运动中，机体主要靠糖酵解和有氧氧化混合供能，由于人体肌肉中糖原含量仅 200～400 克，以酵解方式供能仅能维持 1 分钟。（3）而在长时间运动中，机体以糖和脂肪的有氧氧化功能为主，肌糖原的耗竭会随着练习强度的增加而增加，人体工作能力的下降往往伴有血糖浓度的降低，补充糖有助于工作能力的提高。

（二）离子代谢紊乱学说

运动时，离子代谢紊乱可以导致运动性骨骼肌疲劳的产生，影响运动性疲劳的主要离子有 Ca^{2+}、K^+ 和 Mg^{2+}。

1.Ca^{2+} 与运动性疲劳

Ca^{2+} 代谢异常是引起肌肉结构和肌肉机能变化，从而导致运动性疲劳产生的重要因素之一。运动中 Ca^{2+} 的增加对运动性疲劳的产生主要表现在以下两个方面。

（1）Ca^{2+} 的过度增加可以激活磷脂酶（PLA2）、中性蛋白水解酶、溶酶体酶等，造成骨骼肌的结构和功能破坏，从而导致运动性疲劳。

（2）细胞 Ca^{2+} 增加时，主动摄入 Ca^{2+} 的线粒体会抑制其自身氧化磷酸化，使氧化磷酸化脱偶联，减少 ATP 的生成，造成运动能力下降。

2.K^+ 与运动性疲劳

一方面，细胞内 K^+ 的流失会因运动中细胞持续兴奋而不断增多。力竭时，细胞内、外 K^+ 浓度比会由 40 下降到 20，影响正常动作电位的形成，从而导致肌张力降低，产生疲劳。

另一方面，钾含量的下降可能会减少体内葡萄糖的利用，抑制胰岛素分泌，减少骨骼肌糖原贮备，从而导致运动能力下降，引发疲劳。

3.Mg^{2+} 与运动性疲劳

镁在糖、脂肪、蛋白质等的代谢中发挥着至关重要的作用，是机体内许多关键酶的辅助因子。

细胞内 Mg^{2+} 可以参与细胞 Ca^{2+} 浓度的调节，抑制线粒体摄取 Ca^{2+}。

运动中，细胞 Mg^{2+} 含量的下降对运动性疲劳的影响表现在以下两个方面。

（1）使许多关键酶活性降低，导致细胞代谢障碍，引发疲劳。

（2）引起 Ca^{2+} 代谢紊乱，降低运动能力，导致机体疲劳。

（三）自由基致损伤学说

自由基（Free radical）是指游离在外层轨道带有不成对电子的离子、原子、分子等物质，如氧自由基、羟自由基、过氧化氢单线态氧等。

自由基在人体的存在是利弊参半的。在生理浓度的条件下，自由基在生物体内是有利的，如使纤维细胞增殖、调节血管舒张、杀菌等；另外，自由基可以与不饱和脂肪酸发生脂质过氧化反应生成过氧化物，过氧化物对细胞具有毒害作用。自由基过多会导致核酸受损、蛋白质交联或多肽断裂，使代谢酶因交联聚合而失去活性。

研究发现，氧自由基与运动的关系最为密切。正常情况下，人体内氧自由基的产生和清除是平衡的。但是，一旦产生氧自由基过多或抗氧化系统出现故障，其代谢就会出现失衡。自由基的失衡会导致机体细胞损伤，引发心脑血管疾病、白内障、糖尿病、炎症、癌症等疾病。运动时，氧自由基的增加是导致运动性疲劳发生的一个重要因素。

运动前，给机体补充适当的抗氧化剂能够降低运动后的脂质过氧化程度，延缓疲劳的出现。

（四）保护性抑制学说

巴甫洛夫学派认为，体力的疲劳和脑力的疲劳均是大脑皮质保护性抑制发展的结果。运动时，神经细胞长期处于兴奋状态，导致"消耗"增多，当消耗到一定程度时，为了避免细胞的进一步消耗，机体就会产生保护性抑制，即出现运动性疲劳。

莫索早期的实验发现，当手指拉起重物达到疲劳时，用电刺激屈指肌，手指又能拉起重物。该实验表明疲劳的产生并不是肌肉本身的疲劳，而是中枢抑制的结果。

（五）突变学说

肌肉疲劳的突变理论是由爱德华（Edwards）提出的。该理论改变了以往用单一指标研究运动性疲劳的缺陷，他从能量代谢、肌肉力量、兴奋性或活动性等方面综合分析了疲劳产生的原因。

Edwards 结合肌肉疲劳时能量消耗、肌力下降和兴奋性丧失三维空间关系，在研究神经—肌肉疲劳控制链的基础上，提出了神经激素免疫系统和代谢调节疲劳链。

"突变理论"把疲劳的产生和细胞内能量消耗、肌肉力量下降和兴奋性或活动性丧失三者之间的关系连接起来，描述了疲劳发生的途径主要如下。

（1）在运动性疲劳中，机体只是单纯的能量消耗而不存在兴奋性丧失。例如，运动性疲劳出现后，机体的 ATP 水平会下降，即使继续运动下去，不会出现肌肉中的 ATP 下降至零的现象。（2）疲劳可能是能量消耗和单纯兴奋性丧失两个方面的综合表现。（3）综合能量消耗和兴奋性的平衡丧失，但没有突变。（4）能量消耗和兴奋性丧失的衰变存在一个急剧下降的突变峰，即兴奋性突然崩溃，目的在于避免能量贮备进一步下降而产生灾难性变化，并伴随输出功率或力量的突然衰退，这是"疲劳突变"理论的核心。

从疲劳控制链的角度来看，一个（或几个）环节的中断都会相应地引起某种运动性疲劳，但并不是所有形式的运动性疲劳都一定伴随着疲劳控制链中一个（或几个）环节的中断。目前，用"疲劳突变"来解释疲劳虽然建立在大量实验结果的基础上，但是它还只处于纯理论阶段。

三、高校篮球运动产生疲劳的恢复措施

运动疲劳是体内多种因素综合变化的结果，要想使其恢复的速度和效果都更为理想，就要求采用多种科学手段。高校篮球课程运动疲劳恢复的措施有很多，其中，最主要的有以下几大类，即运动性疗法、传统康复治疗、睡眠、中医药疗法、物理疗法、温水浴及冷热水交替浴、心理放松疗法。

（一）运动性疗法

运动疗法是以运动学和神经生理学为基础，利用人体肌肉关节的运动，以达到防治疾病、促进身心功能恢复和发展的方法。它是康复医疗的重要措施之一，要想达到较为理想的恢复效果，就要以运动员的实际情况为主要依据，以运动处方的形式，有针对性地选择适合的运动方法，从而适当的运动量。具体来说，运动性疗法的具体措施主要有以下两种主要形式。

1. 积极性休息

用变换活动部位和调整运动强度的方式来消除疲劳的方法，就是积极性休息。谢切诺夫进行测力描记实验中发现，右手握测力器工作到疲劳后，以左手继续工作来代替安静休息，能使右手恢复得更迅速、更完全。并认为，在休息期间来自左手肌肉收缩时的传入冲动，会加深支配右手的神经中枢的抑制过程，并使右手血流量增加。大量研究也充分证明，与安静休息相比较，活动性休息可使乳酸的消除快1倍。积极性休息是运动疲劳恢复的重要措施之一，运用也较为广泛，其恢复效果也较为理想。

2. 整理活动

整理活动是指在正式练习后所做的一些加速机体功能恢复的较轻松的身体练习，其是消除疲劳、促进体力恢复的好方法，应给予足够重视。如果一个人跑到终点后站立不动，血液会大量集中在下肢扩张的血管内，使静脉回心血量减少，因而心输出量下降，致使血压降低而造成暂时性脑贫血，会引起一系列不适感觉，甚至出现"重力性休克"。而在剧烈运动后进行整理活动，不仅能够使心血管系统、呼吸系统仍保持在较高水平，而且对于乳酸的排除也有非常积极的促进作用。

一般整理活动应包括慢跑、深呼吸、体操、肌肉放松练习、静力牵伸练习等内容。肌肉静力牵伸练习对缓解运动后的肌肉紧张、放松肌肉、预防延迟性肌肉酸痛、消除肌肉疲劳、保持和改善肌肉质量都有良好的作用。总地来说，整理活动具有及时放松肌肉，避免由于局部循环障碍而影响代谢过程，因而延长恢复过程的重要作用。但是，为了保证理想的恢复效果，在做整理活动时需要注意，量不要大，尽量缓和、放松，使身体逐渐恢复到安静状态。

（二）传统康复治疗

传统康复治疗技术主要包括针灸、拔罐、推拿按摩、中药熏蒸等非药物疗法，这种治疗方法主要是通过调整人体的阴阳平衡、调节脏腑功能、疏通经络、调和气血、升降气机，达到消除疲劳、祛除致病因素、修复损伤、增强抗病能力和强壮脏腑功能等目的的。

在传统康复治疗的措施中，运用较为广泛的是气功。气功是一种自我调节、自我控制的锻炼形式。气功练习对于运动疲劳恢复作用主要表现在以下几个方面。

第一，气功练习能够使抵抗能力有所增强。

第二，气功练习能帮助"放松"，消除紧张状态，使交感神经系统的活动减弱，血管紧张素分泌系统发生变化，调节血压，使血运加快、皮温升高、红细胞和血红蛋白有所增加，白细胞吞噬能力提高，血皮质醇减少。

第三，通过脑电图检查证实，气功练习对大脑皮层起保护性抑制作用。

第四，气功可使骨骼肌放松，心跳减慢，耗氧量减少。

（三）睡眠

睡眠是最好的消除运动疲劳、恢复机能的治疗方法。人在睡眠时感觉减退、意识逐渐消失，机体与环境的主动联系大大减弱，失去了对环境变化的精确适应能力，全身肌肉处于放松状态。睡眠可以使精神和体力得到恢复，通常情况下，成年人每天需要睡眠 7~9 小时，儿童少年大约需要 10 小时。对于存在运动疲劳的运动员，睡眠时间可能需要更多一些，但并不是越多越好，应根据他们的疲劳程度确定适当的睡眠时间。

（四）物理疗法

应用天然的或人工的物理因子，如光、电、声、磁、热、冷等作用于人体，引起局部或全身的生理效应，从而起到康复和提高机能的治疗方法，就是所谓的物理疗法。物理疗法的形式有很多种，比如常见的电疗、光疗、水疗、冷疗、蜡疗、超声波疗、热疗、磁疗以及生物反馈等。

蜡疗的运用范围较为广泛，以此为例，来介绍物理疗法。蜡疗的主要特点是：热容量大，导热性小，几乎无对流现象。石蜡有很高的蓄热性能，在冷却过程中可释放大量热能。石蜡用于治疗的作用主要表现为两个方面：一是温热作用，皮肤能耐受

60℃~70℃的石蜡而不被烫伤；二是机械压迫作用，对肌腱挛缩有软化、松解作用。因此，蜡疗的主要作用为：防止淋巴液渗出，减少水肿，促进渗出液吸收，扩张毛细血管和增加血管弹性。

（五）温水浴及冷热水交替浴

消除肌肉疲劳的一种最简单的方法，就是沐浴。通过沐浴，能够对血管扩张产生刺激，对血液循环和新陈代谢起到积极的促进作用，使代谢产物排出的速度加快，神经肌肉的营养得到进一步地改善。温水浴水温以42℃左右为宜，时间为10~15分钟，每天1~2次。训练结束30分钟后可进行温水浴。但是，在应用温水浴时需要注意，为了保证理想的消除疲劳的效果，不能入浴时间过长、次数过频，水的温度也不能过高，否则就会起到相反的作用，加重疲劳。

冷热水浴可交替性地刺激血管的收缩和舒张，更有效地促进血液循环。进行冷热水浴时，热水温度40℃，冷水温度15℃，冷水浴时间为1分钟，热水浴时间为3分钟，交替3次。

（六）心理放松疗法

应用心理学的理论、原则和技术，对康复对象的各种心理、精神、情绪和行为障碍或严重的情绪困扰进行矫治的特殊治疗手段，就是所谓的心理放松疗法。行为疗法和合理情绪疗法是两种常见的心理放松疗法，这两种疗法各具特点，作用也有一定的区别。行为疗法又称行为矫正疗法，是20世纪50年代迅速发展起来的一种重要的心理学的理论和治疗技术，它按照一定的程序，采取正负强化的奖惩方式，对个体进行反复训练，以消除或矫正适应不良行为的一种心理疗法；而合理情绪疗法是以认知理论为基础，结合行为疗法的某些技术，以矫正人们认知系统中非理性的信念，促进心理障碍得以消除的心理疗法。

在训练和比赛之后，采用心理调整放松，能够达到较好地消除疲劳的效果，具体表现为：使神经、精神的紧张程度有所降低，心理的压抑状态得到一定程度地缓解，神经系统的恢复速度也有所加快，这样就能够更好地促进身体其他器官、系统机能的恢复。对身体起作用的心理放松手段很多，其中，暗示性睡眠（休息，肌肉放松）、心理调整训练、各种消遣和娱乐活动性活动等，是最主要的几种手段。

音乐疗法是心理放松疗法中应用较为广泛的方法之一。从生理角度来看，音乐作为一种声音刺激，可通过机体的反射作用迅速产生一系列生理和心理反应。音乐的性质不同、表现形式不同，其对人体的作用也就有一定的差别，具体来说，主要表现在以下几个方面。

节奏快而有力的音乐的主要作用是增强心脏功能，改善血液循环；节奏鲜明的音乐的主要作用是使人的精神振奋、心跳加快、心肌张力增加；节奏缓慢、单调重复的音乐的主要作用是使人松弛,并有催眠镇静的作用;旋律优美的音乐的主要作用是使人们的心情愉快、平静,有助于消除体操运动员的情绪紧张及焦虑。除此之外,音乐的作用还表现为改善注意力,增强记忆力,提高人们对环境的适应力等。

第三节 篮球运动损伤及其预防

一、运动损伤的康复与重建

在现代竞技体育的运动医疗团队中,除了队医、体疗师、运动损伤防护员、营养师和心理师之外,体能教练员的工作也延伸到了受伤运动员的的康复与重建的过程中。由于体能教练具备独特的专业知识并能观察和评价运动员运动能力,当受伤运动员康复处于准备返回训练场阶段,以及康复计划的最后阶段,体能教练将起到重要的作用。

国际上通常要求体能教练具备康复方面的知识背景,以确保体能教练与运动损伤防护员或体疗师能够很好地沟通,并利用各种类型的运动训练方法去制订康复和重建计划,为运动员重返赛场做准备。这就要求体能教练具备广泛的与运动训练相关的生物力学知识,这样才能针对运动员的损伤进行循序渐进的康复和重建。作为体能教练,需要对如下关于康复和重建的基本原则进行了解。

(1)不要过度对愈合组织进行施压。(2)运动员在康复过程中,从一个阶段循序渐进至后一阶段时,必须达到特定的评价标准。(3)康复计划需要依据目前的临床研究成果。(4)康复计划必须个体化,以适合运动员的特殊需求和目的。(5)康复计划需要运动医疗团队的所有成员相互配合、沟通和努力,以使运动员能够尽快且安全地返回训练场。

二、篮球运动损伤概述

(一)运动损伤的分类

运动损伤的分类方法较多,常见的有以下几种。

1. 按损伤组织分类

按损伤组织分类分为肌肉肌腱损伤、滑囊损伤、关节囊和韧带损伤、骨折、关节脱位、内脏损伤、脑震荡、神经损伤等。

2. 按有无创口分类

按有无创口分为开放性损伤和闭合性损伤。伤部皮肤或黏膜破裂,创口与外界相通,有组织液渗出或血液自创口流出,称为开放性损伤,如擦伤、刺伤等;伤部皮肤或黏膜完整，无创口与外界相通，损伤后的出血积聚在组织内，称为闭合性损伤，如关节韧带扭伤、肌肉拉伤等。

3. 按发病的缓急分类

按发病的缓急分为急性损伤和慢性损伤：瞬间遭受直接或间接暴力而造成的称为急性损伤其发病急，病程短症，状骤起；因局部长期负担过度，由反复微细损伤积累而成的称慢性损伤，其发病缓慢，症状渐起，病程较长。

（二）运动损伤的原因

1. 思想上不够重视

运动损伤的发生，常常与体育教师、教练员和体育锻炼者对预防运动损伤的意义认识不足、思想上麻痹大意及缺乏预防知识有关。他们多存在着某些片面认识，平时不重视安全教育，在体育教学、运动训练和比赛中没有积极采取各种有效的预防措施。发生运动损伤后，不认真分析原因，吸取教训，使伤害事故时有发生。

2. 缺乏合理的准备活动

准备活动的目的是进一步提高中枢神经系统的兴奋性，增强各器官系统的功能活动，使人体从相对静止状态过渡到紧张的活动状态。据国内有关调查资料分析，缺乏准备活动或准备活动不合理，是造成运动损伤的首位或第二位的原因。

3. 技术上的错误

技术动作的错误，违反了人体结构功能的特点及运动时的力学原理而造成损伤，是刚参加运动训练的人或学习新动作时发生损伤的主要原因。例如：做前滚翻时，因头部不正而引起颈部扭伤；排球传接球时，因手形不正确而引起手指扭挫；投掷时，在上臂外展90°、屈肘90°（甚至肘低于肩）的错误姿势下出手，引起肩部肌肉拉伤，甚至发生肱骨骨折等。

4. 运动负荷（尤其是局部负担量）过大

安排运动负荷时没有充分考虑运动员的生理特点，运动负荷超过了运动员可以承受的生理负担，尤其是局部负担过大，引起微细损伤的积累而发生劳损，这是专项训练中造成运动损伤的主要原因。

5. 身体功能和心理状态不良

在睡眠或休息不好、伤病初愈阶段及疲劳时，运动员的肌肉力量、动作的准确性和身体的协调性显著下降，警觉性和注意力减退，反应较迟钝，此时参加剧烈运动或练习较难的动作，就可能发生损伤。

6. 组织方法不当

在训练中，不遵守循序渐进、系统性和个别对待的原则，以及参赛年龄分组的原则；在组织方法方面，如学生过多，教师又缺乏正确的示范和耐心细致的教导，缺乏保护和自我保护，在非投掷区练习投掷或任意穿越投掷区，组织性、纪律性较差，以及比赛日程安排不当、比赛场地和时间任意更动、允许有病或身体不合格的人参加比赛等，这些都可成为受伤的原因。

7. 动作粗野或违反规则

在比赛中不遵守比赛规则，或在教学训练中动作粗野、故意犯规等，这是篮球运动中发生损伤的重要原因之一。

8. 场地设备的缺点

运动场地不平，有小碎石或杂物；跑道太硬或太滑；沙坑有小碎石，坑沿高出地面，踏跳板与地面不平齐；器械维护不良或年久失修，表面不光滑或有裂缝；器械安装不牢固或安放位置不妥当，器械的高低大小或重量不符合运动员的年龄、性别特点，缺乏必要的防护用具（如护腕、护踝、护腰等）；运动时的服装和鞋袜不符合运动卫生要求等。

9. 不良气象的影响

气温过高易引起疲劳和中暑，气温过低易发生冻伤，或因肌肉僵硬，身体协调性降低而引起肌肉韧带损伤；潮湿、高热易引起大量出汗，发生肌肉痉挛或虚脱；光线不足，能见度差，影响视力，使兴奋性降低和反应迟钝而导致受伤。

（三）运动损伤的发病特点和规律

1. 发病特点

运动项目较多，因而损伤种类也较多，不同运动项目及各部位的损伤发生率也各不相同。但总地来说，肌肉筋膜、韧带、滑囊等组织的小损伤多，慢性伤多；骨折、关节脱位等严重的伤较少，急性的伤较少。这些慢性的小损伤不会影响运动员的日常生活，却严重影响运动员训练、运动成绩的提高和运动寿命。

2. 发病规律

不同运动项目各有其不同的易伤部位及专项多发病。例如篮球运动员易伤踝、膝关节和手指。为什么运动损伤会有这种发病规律呢？主要与两个潜在因素有关：①运动项目的特殊技术要求；②身体某些部位的解剖生理弱点。在训练安排不当、局部负担过重等直接原因作用下，导致局部解剖生理特点与专项特殊技术要求不相适应，因而就易发生损伤。例如，篮球运动员最易伤膝，是由于篮球运动的一些基本动作都要求膝关节处于半蹲位（130°～150°）屈伸、扭转与发力，而膝关节的这个角度又恰是它的解剖生理弱点，关节的稳定性相对减弱，易发生内外旋或内外翻，髌骨关节面也会发生"不合槽"运动，因而易引起膝关节损伤。又如体操运动员易伤肩，是由于经常要做悬吊、转肩动作，肩部承受的牵拉力很大，而肩关节运动时的稳定性主要靠肩袖等肌肉来维持，肩袖肌腱又易受到肱骨大结节与肩峰的挤压和摩擦，一旦活动过多就会引起肩袖损伤。

三、常见运动损伤概述

（一）挫伤

挫伤是钝性暴力直接作用于人体某部而引起的急性闭合性损伤。例如，篮球运动中运动员相互碰撞可以发生局部和深层组织的挫伤。最常见的挫伤部位是大腿和小腿，而头和躯干部位挫伤可合并脑和内脏器官的损伤。

（二）肩袖损伤

肩袖损伤是指肩袖肌腱和肩峰下滑囊的创伤性炎症。肩关节外侧肌肉可分为两层，外层为肥厚坚强的三角肌，内层是肩袖，两层肌肉之间有肩峰下滑囊。肩袖由冈上肌（肱骨外展）、肩胛下肌（肱骨内旋）、冈下肌和小圆肌（肱骨外旋）等四块肌肉组成。肌腱扁宽，部分腿纤维与肩关节交织，远端分别止于肱骨大、小结节，形似袖口一样包裹着它，故名肩袖，也称腱袖或旋转袖。

（三）肘关节内侧软组织损伤

肘关节内侧软组织损伤，包括尺侧副韧带、关节囊、屈指屈腕肌、旋前圆肌及其附着处的拉伤和撕裂。这些损伤的机制基本相同，只是引起损伤的外力强弱和损伤的严重程度不同，有时可合并肱骨内上的撕脱性骨折。此伤约占肘部损伤的一半。

1. 损伤机制

任何手腕屈肌群及前臂旋前圆肌突然猛烈收缩与过度牵量，或肘关节突然外展或过伸，都可引起内侧屈肌及旋前圆肌，以及内侧副韧带和关节囊的损伤。例如：单手肩上传球时的出手动作，由于篮球的反作用力迫使前臂突然外展，可引起内侧副韧带的损伤；篮球出手动作时的突然屈腕，常引起屈腕肌在肱骨内上髁附着点的损伤；举重时提起杠铃或提铃后的突然翻腕动作，屈肌的爆发性收缩或被动牵量都可引起屈肌附着点的损伤或撕裂。肘关节的突然过伸，也可引起前部关节囊拉伤及后部滑膜的挤压伤。

2. 症状与体征

急性损伤后，肘内侧疼痛，肘关节屈伸运动受限，局部微肿，若组织断裂，则出现皮下瘀斑，关节肿胀明显，轮廓不清。慢性病患者常诉准备活动后疼痛消失，重复受伤时疼痛，在完成动作时出现"软肘"现象。

（四）大腿后肌损伤

大腿后部由股二头肌、半腱肌和半膜肌这三块肌肉构成，此肌群又称腘绳肌。除股二头肌的短头起于股骨外，其他均共同起于坐骨结节，向下跨过髋关节和膝关节，分别止于腓骨或胫骨的上端。这三块肌肉均是由坐骨神经支配的双关节肌。其作用是伸大腿、屈小腿；当膝关节屈位时，半腱肌、半膜肌使小腿外旋。大腿后部屈肌群在做跑、跳动作时最易拉伤。

大腿后部屈肌群的损伤，可分为急性损伤和劳损两种类型。急性损伤有明显的损伤史，损伤机制有被动牵拉。被动牵拉是在股后屈肌已经处于牵张状态时再受牵拉所致。如压腿、劈叉，或跨栏时摆动腿（前腿）前伸再突然弯腰，或短跑屈膝向前摆腿时，都易被动地拉伤该肌肉群。

主动用力拉伤。主动用力拉伤主要是跑、跳中后蹬时，膝关节由屈曲位移向伸直，屈肌用力收缩时的地面反作用，使该肌群处于极度紧张状态，再加上股四头肌的突然猛力伸膝，造成损伤。篮球运动常见于起动后 10～20 m，或 100 m 短跑训练中在 60～80 m 阶段用力加速时，或跳远、踏跳后蹬用力时，损伤部位以肌腹为多见。

（五）膝关节内侧副韧带损伤

膝关节由股骨、胫骨及髌骨构成。它部位表浅，结构复杂，关节面大，杠杆作用强，负重大，且不稳定，因而是极易受伤的关节。

内侧副韧带损伤系由膝关节突然外翻所致，即膝屈曲（130°～150° 角），小腿突然外展外旋，或足与小腿固定，大腿突然内收内旋。如篮球比赛时"两人对脚"；跳深训练时落地姿势不正确，双足没有并拢而失去平衡向侧方跌倒；膝关节外侧受到暴力打击等，这种暴力使膝关节趋向半脱位。若扭转的力量不大时，损伤只局限于内侧副韧带本身的部分断裂，若扭转的力量较大，可引起内侧副韧带的完全断裂或合并内侧半月板损伤和十字韧带的撕裂。

（六）膝关节半月板损伤

半月板是膝关节内的半月形软骨板，内侧半月板两端间距较大呈 C 形，边缘与关节囊及内侧副韧带深层相连；外侧半月板呈 O 形，中后三分之一处有腘肌腱将半月板与关节囊分开。半月板不但能增强关节的稳定性，而且有缓冲震动、分布滑液、防止周围软组织挤入关节的功能。半月板损伤多发生于篮球、足球、体操和田径等运动中。

当膝关节屈伸运动时，半月板与胫骨平台关系密切。当膝关节伸直时，半月板向前移动；屈曲时，半月板向后移动，膝关节半屈曲做小腿外展外旋或内收内旋时，两侧半月板向后移动。因此，膝关节屈伸过程中若同时伴有膝关节的扭转内外翻动作，半月板就会出现不一致的矛盾活动，从而使半月板在股骨与胫骨平台之间发生剧烈摩擦，容易造成损伤。在运动中，当膝关节屈曲，小腿固定于外展、外旋位，大腿突然内收、内旋并伸直膝关节时,就可能引起内侧半月板损伤;当小腿固定于内收、内旋位,大腿突然外展、外旋并伸直膝关节时,就可能引起外侧半月板损伤。

(七)髌骨劳损

髌骨劳损是髌骨软骨软化症和髌骨周缘腱止部慢性损伤的统称。这两种损伤可单独发生,也可同时存在,两者的损伤机理基本相同,症状也有相似之处,此伤在篮球运动员中发病率较高。

髌骨劳损主要是膝关节长期负担过度或反复微细损伤的积累而成,也可由局部遭受一次撞击和牵扯所致。尤其是膝关节处于半蹲位时,由于韧带松弛,膝关节的稳定性下降。此时,膝关节的稳定性主要靠髌骨和股四头肌来维持,髌骨周缘腱止部和髌韧带所承受的牵拉张力及股骨相应关节面间所承受的挤压应力都较大。若半蹲位时起跳发力或屈伸扭转,髌骨周围腱止部所承受的牵拉张力更大,髌骨关节面间产生错动、拧扭、撞击和摩擦。在训练和比赛运动中,滑步、防守、急停、进攻和上篮等动作练习安排不当,在一段时间内膝关节的这种负荷过多,都可能发生这种损伤。

关节软骨损伤后其本身的再生修复能力极低,至今都是对症处理而无特效的治疗方法。因此,更应重视预防。增强股四头肌的力量,是防治髌骨劳损的积极手段。高位静止半蹲若方法得当,负荷量合适,也可收到一定的治疗效果。

肌肉力量对支持和保护关节有重要作用,体能水平的提高可以预防某些运动损伤,对延长运动寿命起着积极作用。膝关节损伤是篮球运动员中最为常见的。

(八)胫腓骨疲劳性骨膜炎

胫腓骨疲劳性骨膜炎,是因跑跳练习过多而引起小腿骨疼痛的一种常见损伤。初参加体育训练的患者较多,具有典型的运动史、发病史和反复疼痛史。此伤在篮球运动员中发病率也较高,其损伤机制是局部骨组织过度负荷所致。

(九)踝关节外侧韧带损伤

踝关节韧带损伤,在整个运动损伤中约占8%,在关节韧带损伤中占首位。篮球运动中发生的概率比较大,其中以外侧副韧带损伤为多见,尤以距腓前韧带损伤更为常见。踝关节外侧副韧带分为三束,即距腓前(前束)、跟腓(中束)及距腓后。距腓前韧带的部分纤维参与组成关节囊,当其发生撕裂时,一般引起关节囊和滑膜的损伤,从而出现关节积血。由于外踝比内踝约长1 cm,且靠后方,内侧韧带比外侧韧带坚强。因此,足的内翻活动比外翻活动大。解剖生理上的特点,使踝关节容易发生过度内翻而引起外侧副韧带的损伤。

在篮球运动中,由于场地不平,以及跳起落地时身体失去平衡等原因使踝关节发生过度内翻(旋后),引起外侧韧带的过度牵拉、部分断裂或完全断裂。外侧副韧带完全断裂,多有踝关节暂时性脱位或半脱位。由于外力作用的大小和受伤的姿势不同,可以引起不同的韧带损伤。足的旋后动作是一个足踝关节的联合动作，在发生外侧韧带损伤的同时，往往合并足踝部其他组织的损伤。踝关节的反复扭伤可导致创伤性骨关节病。

预防措施：在现代高水平篮球比赛中，为了尽量避免或减少踝关节损伤的程度，许多运动员均戴上有两侧支撑的护踝，同时在训练中专门进行一些保护技术的训练。如起跳后有身体接触时，落地时运动员往后坐，预防脚踩在其他运动员脚上，这样可以起到预防作用或减轻踝受伤的程度。因此，建议篮球运动员应进行一些保护性技术的训练，如倒地、滚翻等技巧训练，预防踝关节的意外损伤。

（十）骨骺损伤

骨骺分为两类：一是受压骨骺，如股骨头和股骨下端骨骺。它位于长骨的两端，承受通过关节传来的压力，形成关节的一侧。二是牵拉骨骺，它位于肌群或大肌肉的起止部，主要是承受肌肉的牵拉力。由于骺板的强度比正常的肌腱及韧带要弱2～5倍，因此，骺板在力学上是个弱点。

多由间接暴力所致。常见的暴力有剪力、撕脱力、裂力和挤压力等四种。一般而言，运动员的骨骺炎多因局部训练过度而引起慢性损伤所致；骨骺骺板分离及骨折多由急性暴力作用所致，其损伤机制与骨折基本相同。在体育运动过程中，运动损伤是一种难以根除的职业技术病，以软组织损伤为主要特征。在软组织损伤中肌肉、筋膜损伤的发生率最高，达到22.01%。骨骼肌运动损伤直接影响了正常训练和比赛，制约了运动技术的发挥和运动成绩的提高，严重者还会因此断送运动生命。因此研究运动训练引起的骨骼肌损伤机制，了解与认识其病因、病理，探讨预防、治疗及康复措施是运动医学研究中的重要课题之一，同时也是篮球教练和体能教练需要从训练实际思考的问题。

（十一）肌肉损伤

肌肉损伤除由直接外力作用引起的肌肉挫伤外，还有在间接外力作用下使肌肉发生的拉伤。

1. 骨骼肌损伤分类

骨骼肌损伤可分为急性损伤和慢性损伤：

急性损伤可分为：完全断裂，部分断裂（又分筋膜内断裂与筋膜囊外断裂），肌肉挫伤，部分继发骨性肌炎。

慢性损伤可分为：肌肉筋膜炎与肌肉劳损，迟延性肌肉酸痛。

2. 骨骼肌运动损伤后的恢复机制

肌肉损伤后第一、第二天，所有的损伤部位都存在剧烈炎症反应，表现为出血、肿胀和肌纤维坏死，坏死肌纤维及其周围有大量炎细胞的聚集与浸润。拉伤后第二天，损伤部位出现再生肌管。炎症反应之后，肌纤维再生。除再生肌管外，拉伤后第三天，损伤部位可见肌内膜纤维化。拉伤后第七天，肌内膜进一步纤维化，疤痕组织逐渐形成。

　　肌组织的再生能力很弱，损伤后的修复是完全再生还是瘢痕修复主要取决于两个条件：一是损伤区域的血液循环是否可以恢复，二是肌膜是否完整及附着在上面的肌核是否存活。若损伤范围不大且肌膜健全，多可通过部分残存的肌细胞核分裂，产生肌浆，分化出肌原纤维而完全再生愈合。若肌纤维完全断裂，虽有再生现象，但两断端最后不能直接连接而间接以纤维组织愈合，愈合后的肌纤维仍可收缩。肌肉组织损伤愈合的基础是炎症细胞和修复细胞的一系列活动。

　　3. 骨骼肌运动损伤的康复手段

　　骨骼肌运动损伤初期会发生疼痛、肿胀、炎性反应等症状，为减轻这些症状可采用应急处置，其主要包括休息、冷敷、加压、抬高四个方面。损伤后期的治疗措施称为功能恢复。由于功能恢复直接影响骨骼肌的运动能力，因此它越来越受运动医学界的重视。这些方法手段的实施并不是体能教练的任务，只是需要了解方法即可。

　　综上所述，运动员运动损伤发生后的康复和重建，需要运动医疗团队所有成员的协调配合和良好沟通，以保证受伤运动员运动功能的恢复。受伤运动员治疗、康复和重建的目标必须针对个体化进行，以便有效地使运动员逐步恢复正常运动功能。在康复阶段的后期，需要循序渐进地针对运动员的专项特点来设计功能性的运动或活动，而受伤运动员体能训练计划的设计则需要谨慎地考虑运动员的需求，并且需要了解受伤部位愈合的过程及其康复性的训练。

第五章 高校篮球运动的体能训练研究

第一节 高校篮球运动的体能要求

一、移动体能要求

移动技术是由走、跑、跳、急停、转身等脚步动作组成的。它可以通过快速而突然的各种脚步动作，在进攻时达到摆脱防守、接球、选择位置、牵制对手、掩护等目的，或合理而迅速地完成运球、传球、突破投篮等动作。要达到这个目的就需要学生具备良好的速度素质，这样才能利用移动技术争取时间和空间的主动权。

脚步动作主要是靠前脚掌内侧蹬地、碾地和腿的发力伸展，充分利用地面给予人体的反作用力，通过腰胯、上体和两臂的协调用力与配合，克服身体的重力和惯性力，来达到起动、起跳、转身、制动等位移的目的。快速起动、起跳除了要求一定的速度素质之外还要求学生具备一定的力量素质和弹跳素质。

二、传接球体能要求

无论是哪种传接球方式，给予球作用力的大小和时间长短都决定了球的飞行速度和距离。传球的用力大小和用力方向由队员的位置和移动速度决定。在传球动作方法中，前臂的动作有伸、摆、绕等不同的用力方法。运用这些方法可以增加出球点，扩大出球面。传球应优先使用屈腕弹指和伸肘肌肉的力量，它们是能最快速发力的部位。长传球时，躯干和腿部肌肉都参与工作，作用时间也较长。接球时，要伸臂屈肘迎球和顺势向后引球，进一步屈肘缓冲，这是减弱来球力量至零的过程。如果球来势凶猛，则要加大迎球幅度，缓冲来球。因此，传接球技术，要求学生具备良好的力量素质和柔韧性素质。良好的力量素质能够很好地控制传球力度，准确传球；柔韧性素质能够在传接球完成大幅度动作时，提高动作的协调性和动作质量，更好地发挥肌肉力量，避免运动损伤。

三、投篮体能要求

将球投进篮圈之中必须具备正确的持球方法、瞄准点、全身的协调用力、合理的出手角度和出手速度、规律性的旋转、适宜的飞行弧线和入篮角度等各种因素。正确地掌握持球方法，投篮时合理准确用力是投篮技术最基本、最重要的条件之一。持球时应适当增大手腕后仰角度，即持球或球出手引腕后仰时，手腕后仰角度越大，屈腕主动肌牵拉越长，则完成环节运动的条件越好，它有助于出球时均匀发力和球出手后的飞行弧线。因此就要求投篮者具备一定的柔韧性素质。在良好的柔韧性素质的基础上，还要具备力量素质，因为投篮时，在球出手的一刹那，身体各部位综合肌力给予球一定的初速度，这个初速度被称作出手速度。出手速度是投篮的关键，投篮出手速度的运用，应在提高出手角度的基础上，加快出手速度，而想要增大出手速度就必须具备一定的快速力量素质。

四、运球体能要求

运球是持球队员在原地或行进中，用单手连续按拍由地面反弹起来的球的一类动作，是篮球比赛中个人进攻的重要技术，它不仅是个人摆脱、吸引、突破防守的进攻手段，也是发动、组织战术配合的重要桥梁。运球技术的关键是正确的身体姿势，手对球的控制支配能力，脚步移动的熟练程度以及手、脚、身体三者的紧密配合；上肢动作要以肩关节为轴，下肢配合协调等。而这些技术的关键就要求运动者具备灵敏素质和速度素质。灵敏素质可以让运动者在运球过程中，迅速做出反应，灵活、快速、流畅、有效地执行运球技术，如急停急起、背后运球、胯下运球等各种动作。速度素质让运动者在运球过程中，以迅雷不及掩耳之势，迅速运球至目的地，达到战术的有效配合，争取有利形势。

五、持球突破体能要求

持球突破是持球队员运用脚步和运球技术超越对手的一项攻击性技术。它可以打乱对方的防守部署，为本方创造更多、更好的攻击机会。突破若巧妙地与投篮、传球、假动作等技术动作有机结合起来运用，将使突破技术更加灵活多变，从而显示出突破技术的攻击性。所以在运用持球突破技术时，就必须具备投篮、传球、假动作所要求的灵敏性素质、速度素质、力量素质、柔韧性素质等。

六、抢篮板体能要求

抢篮板球是指在空中拼抢未成功投篮的球的技术动作。它是一项重要技术，是比赛中攻防转化的分界点。抢篮板球技术由抢占位置、起跳动作、空中抢球动作和获球后动作所组成。抢占位置时，应根据对手和投篮队员所处的位置，正确判断篮板球的反弹方向、距离，运用快速的脚步移动，配合身体动作抢占有利位置。起跳动作是抢占位置后进行的一个连续动作。空中抢球动作要根据赛场上队员所处的位置，球反弹的方向、高度及个人的特点，选择双手、单手和点拨球等方法。因此，在抢篮板时除了具备灵敏的观察能力外，还要具备良好的速度素质，要在对手注意力还集中在投篮时，迅速移动到有利位置抢球。

七、防守体能要求

防守技术是阻止对方队员进攻所运用的技术。攻击性防守要求学生具有勇猛、反应灵敏、果断压倒对方的气势，主动去控制对方的进攻。它是一项综合的篮球技术动作，是由手脚动作结合对手和球、篮的位置、距离等因素所构成的。脚步动作是防守时采用的移动步法，是个人防守技术的基础。防守队员运用脚步动作，抢占有利的位置与手臂动作配合干扰对方传、接球，封盖投篮和抢、打、断球，最大限度地破坏对方进攻，以达到争夺控球权的目的。

防守技术对队员的身体素质、个人防守技术等各方面提出了更高的要求。一方面，个人防守技术的好坏反映了一名队员的防守能力，个人防守能力是全队防守的基础。只有成功地做好个人防守，才能更好地配合防守和完成全队整体防守的任务。另一方面防守技术是综合各种技术动作，因此运动者要具备良好的速度素质、力量素质、灵敏素质、柔韧素质等综合素质。

第二节 高校篮球一般体能训练方法

一、篮球一般力量素质训练

（一）常用的训练方法

（1）最大负荷法。其主要采用大重量进行训练，即最大负荷量的90%~100%的负荷做1~2次练习，学生做8~10组练习可很好地发展最大力量。（2）累加训练法。

在训练过程中,使学生所负重量不断增加,直到极限,这样训练力量可快速增长。

(二)手指、手腕、手臂肌肉群训练方法

(1)空手用力张握,速率要快,持续时间15~30分钟;张开的指,快速用力下扣手腕,持续时间为15~30分钟。(2)手指和掌心向下抓住铅球并上提,在上提的过程中松手,在球下落时,由另一只手接抓铅球。(3)两人一组,对传实心球。(4)握哑铃,做翻腕练习。(5)两人一组,各紧握接力棒一端,反向捻转接力棒对抗。

(三)腿部力量与弹跳力训练方法

(1)肩负最大负荷的80%左右的杠铃,做半蹲或全蹲,慢蹲快起,重复3~4次。(2)肩负杠铃在软地或地毯上做半蹲跳,杠铃重量为最大负荷量的40%~50%,每组8~12次,做4~6组。(3)肩负杠铃做箭步交换腿跳,杠铃重为最大负荷量的40%~50%。(4)徒手或负重,做单腿深蹲起;双足做连续跳、多级跳。(5)徒手或负重跳栏架、原地双脚跳起摸篮板。

(四)腰腹力量训练方法

(1)仰卧斜板起坐,即仰卧屈膝起坐、仰卧双手握住同伴的双踝做收腹举腿(同伴双手用力将练习者举起的腿推下)、俯卧"两头起"(尽量出背弓)。(2)借助单杠,双臂悬挂,做收腹举腿成90°,并保持4~5秒。(3)双手向头后抛掷实心球练习。(4)宽握杠铃,做直臂直举;40~50千克杠铃做高立抓举。(5)肩负杠铃,做体前屈起(不准弓腰起);肩负杠铃,做转体,脚平行开立稍宽于肩,直膝转体,脚掌不能动。

(五)综合器械训练方法

1. 上斜卧杠铃提举

从器械架上抓取杠铃,屈肘,使杠铃下降至上胸部,向上推举杠铃至手臂伸直,还原。重复上述动作。

2. 坐式夹胸器夹胸

推动活动臂在胸前夹拢闭合,然后使两活动臂向后,还原。重复上述动作。

3. 直立提踵

通过踝关节尽量跖屈使足跟抬高,坚持片刻,至小腿有拉伸感时足跟下落。重复上述动作。

4. 坐式双臂平拉

肘关节保持屈曲±10°,手握手柄尽力后拉,还原。重复上述动作。

(六)篮球力量素质训练注意事项

(1)力量训练侧重于动力性练习,要与速度、弹跳、灵敏等素质和篮球技术的练习结合进行。(2)要注重训练的协调和全面发展,避免局部负担过重。应当考虑学生特点、训练程度,做到有针对性的合理安排。(3)力量训练时器材比较沉重,要注重安全,避免在训练时受伤。训练时应注意力集中,加强自我保护。(4)要注重力量训练的周期性和系统性。力量训练中要注意练习安排的顺序,速度力量练习应安排在力量耐力练习前面进行。(5)力量训练之后会出现肌肉酸胀感,应注意安排放松练习。训练结束之后应采取积极的恢复措施,如按摩、水浴等,消除不适感。

二、篮球一般速度素质训练

速度训练主要为了提高学生起动、快跑以及无氧供能能力。其主要的训练方法如下。

(一)各种基本步法训练方法

1. 高抬腿跑训练

学生高抬腿跑时,要求脚前掌落地,抬膝时保持身体伸展。当一条腿伸直时,另一条腿的大腿要与地面保持平行。当膝盖抬到最高点(大腿与地面平行),脚踝向后勾,脚置于膝盖的下方。此外,还应注意运用正确的手臂动作。

2. 小步跑训练

学生双膝稍弯,身体成一条直线(肩、髋、膝和踝关节成一条直线),尽可能地提踵。跑动时,前脚掌着地,尽可能地蹬伸,双膝微屈,双脚交替。着地时注意用前脚掌,而不是整个脚底。当右脚蹬离地面时,左脚要划过地面。

(二)各种起动跑训练方法

(1)原地或移动中,根据教练员的信号突然起动快跑。(2)5米折回抢滑步。(3)不同距离折回跑。(4)起跳落地,立即起动侧身加速快跑。(5)用各种姿势起动,全速跑10~30米。(6)四步加速跑。在球场上标出四步加速跑的位置:离起跑线66~76厘米为第一步;第一步和第二步之间距离92~230厘米;第二步和第三步之间距离117~127厘米;第三步和第四步之间距离142~152厘米。学生用1/4的速度跑完四步,各步之间不要停顿。跑时要用力摆动手臂(手臂摆动力量越大,腿部的蹬地力量越大)。注意摆臂动作和膝盖上顶动作。在熟练掌握了1/4速度的技巧之后,再用1/2速度,然后3/4速度,最后是全速进行加速跑训练。

(三)篮球速度素质训练注意事项

(1)教练员应了解专项速度的特点,做到有针对性的训练。应了解学生自身的特点及不足。(2)发展学生的速度素质应注意其年龄特征。速度训练时身体应处在良好的运动状态。(3)注意以发展力量和柔韧性来促进学生速度素质,在训练过程中可增加合理的负重力量练习。

三、篮球一般灵敏素质训练

（一）变向移动类训练方法

（1）绕障碍物跑。在场地上设置6根标杆或球，以最快速度绕杆（球）跑完全程。（2）15秒往返跑或4×10米往返跑。可采用比赛的方式进行。（3）侧跨步。学生位于三条相隔12~15米的中间的一条线上，向左、右两侧线跨步，触及一条线后跨向另一条线，在10秒内完成。（4）两人一组，防守队员进行堵拦，进攻队员在场内做变向动作设法摆脱防守队员的堵截，以端线为起始位置。

（二）动作转换类训练方法

（1）在规定时间内，手脚着地从端线快速爬到中线，然后站起双足跳10个，之后冲刺跑返回端线。（2）教练口头或手势示意急停、急起运球练习。（3）立卧撑。学生迅速由站立到下蹲，两手在足前撑地，两腿向后伸直，在规定时间内完成最多的次数。

（三）篮球灵敏素质训练注意事项

（1）灵敏素质练习以其他练习为基础，在训练时应注重与其他素质训练方式相结合。（2）在练习过程中，教练员应示以明确、快速的信号，以提高学生的观察判断和反应能力。（3）灵敏训练的时间不宜过长，次数不宜过多，进行练习时身体状况要良好。（4）在练习时适量加大移动和旋转难度，以提高身体的平衡能力和协调能力。

四、篮球一般柔韧素质训练

（一）篮球一般耐力素质基本训练方法

（1）两手手指交叉相握，手心向前做压指、压腕动作；手臂向下、向前、向上充分伸展；身体向左或向右充分伸展。（2）两臂做不对称大绕环转肩动作，在背后一手从上往下，另一只手从下往上，两手在背后做拉伸练习。（3）并腿直立，上体前屈，手摸脚或地面；或身体侧转用手摸异侧脚脚跟。（4）两腿开立，髋关节向前送，手摸脚跟。（5）两腿前后开立，两脚跟着地做弓箭步向下压腿。（6）左右弓箭步练习，手放在脚上，连续左右弓箭步练习。

（二）篮球柔韧素质训练注意事项

（1）柔韧素质的发展要从小培养。科学实践证明，柔韧素质发展的敏感期是5~10岁，所以在此期间要抓紧练习，并在10岁以前使柔韧素质得到较好地发展。随着年龄的增长，身体各部位的柔韧性训练将会更加困难。（2）循序渐进，持之以恒。在开始进行柔韧性练习时会有强烈的痛感，而且只有长期的坚持才能起到应有的效果，因此，学生必须具有坚定的毅力，持之以恒，使身体逐渐适应。(3)柔韧素质的发展要兼顾相互关联的身体各个部位。在训练时应循序渐进，使柔韧性逐步得到提高。学生的柔韧性是身体各个部位的整体的柔韧性，在练习时应该注重各个部位之间的关联性，使整体的柔韧性协调发展。(4)柔韧素质练习要注意外界环境。外界环境对人体的柔韧性具有一定的影响，当温度较高和较低时，都会影响柔韧性的发展。科学实践表明，当外界温度在18℃时，人体各部位肌肉伸展状况达到最佳，最适合柔韧性的发展。(5)柔韧练习时要防止受伤。柔韧性训练是对人体的各肌肉和韧带的拉伸和伸展，如果训练的方法不当，可能出现拉伤事故。因此，柔韧性训练要注重训练方法的科学性，既要保证训练的效果，同时还要防止受伤。在进行柔韧性训练之前应该做适量的热身运动，在练习中避免用力过猛。

第三节 准备活动、放松运动与拉伸技术

一、运动员的柔韧性

（一）柔韧性

关节活动幅度的提高主要是通过提高关节韧带、肌腱、肌肉的伸展性和弹性的手段获得的，而伸展性和弹性的提高主要是施加拉力作用的结果。因此，柔韧性（或称为柔韧素质）训练的基本方法是身体及各个环节的拉伸练习（或称为牵拉练习）。拉伸方法又分为动力拉伸、静力拉伸和神经肌肉本体促进拉伸（PNF）等基本类型。无论是进行跑动还是跳跃动作，运动员的肌肉和关节的柔韧性都是影响这些运动能力或动作幅度的重要因素。具备良好柔韧性的篮球运动员发生肌肉拉伤和骨骼系统损伤的可能性会大大降低。

柔韧性包括静态柔韧性和动态柔韧性。静态柔韧性是指在外力的作用下牵拉的能力，动态柔韧性是指运动中关节的活动范围，静态柔韧性大于动态柔韧性。为什么静态柔韧性会大于动态柔韧性呢？我们从肌肉、骨骼生物力学分析其原理，运动员自身的肌肉收缩很难使对侧的关节韧带或肌腱得到充分拉伸。作为专业体能教练必须清楚地认识这一点，以便在实践中更好地指导运动员进行系统、合理的静态牵拉训练来发展运动员的柔韧性。因为，在篮球专项运动中，运动员的关节和肌肉的拉伸度往往超过了他们的正常范围，如果平常的柔韧性训练不够，就会导致发生意外拉伤的可能性。

(二)影响柔韧性的因素

许多解剖因素和训练因素都可以影响柔韧性。有些因素如关节结构、年龄、性别等,不能通过训练来改变。而有些训练如力量训练、牵拉训练等,可以影响柔韧性。因此,作为体能教练,在为运动员设计柔韧性练习时需要充分考虑运动员各方面的因素以及项目的要求。

(三)拉伸练习的频率、持续时间和强度

通常每次训练课或比赛前都要进行 8 ~ 10 min 的一般准备活动和 8 ~ 12 min 的专项牵拉活动,训练课或比赛后也需要进行 10 ~ 20 min 的牵拉活动。每次牵拉的持续时间以 20 ~ 30 s 为宜。

(四)拉伸练习的时间安排

在训练或比赛之前和训练比赛之后都需要进行牵拉。需要注意的是,运动后的牵拉应该在运动停止后 5 ~ 10 min 内进行。这样,可以提高肌肉和肌腱中胶原纤维的弹性,使牵拉幅度增大;同时还可以缓解肌肉酸痛,牵拉效果最好。

(五)本体感受器与牵拉

在拉伸运动时,需要考虑两种本体感受器的功能,即肌梭与腱梭。肌梭感受器位于梭内肌纤维,主要功能是感受肌肉的长度变化。在静态牵拉中,由于牵拉动作缓慢,不会引起牵张反射,而快速牵拉(包括动态牵拉与加速牵拉)能够刺激肌梭,引起牵张反射。

腱梭是位于肌腹和肌腱交界处的机械感受器,对于肌肉张力的增加非常敏感。当受到刺激时,会引起肌肉的反射性放松。张力增加引起的这种肌肉放松称为自发性抑制,在被动牵拉之前主动地收缩肌肉可引起自发性抑制。由于肌肉张力升高而引起的对抗肌的放松作用称为交互抑制。在牵拉一块肌肉时,主动地收缩对抗肌可产生这种交互抑制,有助于牵拉幅度的增加。其原理是,对抗肌的收缩使腱梭受到刺激,同时引起被牵拉的肌肉反射性放松。此原理对后面讲的本体感受性神经肌肉促进法的牵拉技术具有重要意义,是国际上采用比较多的拉伸方法,需要经过专门训练的人员协助进行。

二、准备活动

(一)准备活动的意义

篮球运动员进行适宜、合理的准备活动对篮球训练和比赛有着积极的作用。篮球运动员手指、膝关节、脚踝等关节很容易受伤。因此,篮球运动员要特别重视对腕、指、

踝以及肩、膝等各关节的柔韧性训练。合理的准备活动内容包括了专项特点或活动方式特点，但在所有准备活动中都要有机地结合拉伸运动。我国有些运动队虽然认识到了篮球训练或比赛准备活动的重要性，但习惯上仍然采用熟悉球性练习来代替准备活动，然后进行接下来的技、战术练习，常出现的问题是对准备活动的技术规范和要求不严格，或者是完全忽略。在比赛和训练过程中运动员出现的肌肉拉伤等问题往往和准备活动有着直接的联系。

（二）准备活动的作用

准备活动能够通过改善肌肉的柔韧性而有助于预防损伤。为了避免肌肉损伤，在牵拉运动前，应通过轻微的运动提高身体温度。一个完整的准备活动应包含三个阶段：

（1）一般准备活动。（2）被动静力性拉伸（牵拉）运动。（3）专项热身运动和动力性拉伸（牵拉）运动。整个准备活动待续时间应该超过 30 min。

（三）准备活动的三个阶段练习内容

1. 第一阶段是一般性准备运动

一般性准备活动通常采用慢跑、球性练习、跳绳或篮球操等活动来逐步提高心率，增加肌肉血流量，使身体发热和深层肌肉温度上升、呼吸频率提高、关节黏滞性下降。这一阶段一般持续 10～15 min，直至身体出汗。适当的热身运动为球员训练和比赛做好了充分的准备。

2. 第二阶段是被动静力性拉伸运动（或称静力拉伸运动）

该阶段的牵拉练习包括运动员可独立进行的牵拉和需要旁人协助完成的牵拉两部分内容，时间一般是 10～15 min。

需要注意的是静力性伸展运动的顺序，通常情况下先从中心部位开始，即先从背部、臀部和大腿后肌群开始拉伸。先拉伸这些肌肉群能够影响身体其他部位的肌肉群，使全身的灵活性发挥到极致。首先拉伸大的肌肉群可以使相对较小的肌肉群发挥出更大的潜能。拉伸运动的目的是扩大身体关节部位的活动范围，提高肌肉、韧带的柔韧性，减少运动员肌肉拉伤、肌腱扭伤或因肌肉疲劳造成的其他损伤的可能性，还能减轻一般性的肌肉酸疼和痉挛。

3. 第三阶段是专项准备运动

专项准备运动安排在整个准备运动的最后阶段，该阶段包括了专项热身和动力性拉伸运动，持续时间一般为 8～12 min。

该阶段所进行的训练方式采用与专项运动相关的练习动作，包括多种变向跑、原地的各种拉伸练习和专项移动练习。NBA 球队在热身中除了要求运动员的下肢通过有球跑动热身外，还非常注意通过投、传球的练习，使运动员的手臂得到足够的准备活动。热身项目看起来都很简单，但是却要求运动员拥有很好的篮球基本功。经过 8～12 min 的活动以后，运动员已经为接下来的训练和比赛做好了充分的身体准备。

三、拉伸技术

通过前两节内容的学习，我们对运动员的柔韧性（或称柔韧素质）及其影响因素，以及准备活动的整体安排进行了讨论。在现代竞技体育中准备活动的主要内容包括大量提高柔韧性的拉伸技术。

（一）本体感受性神经肌肉促进法拉伸

本体感受性神经肌肉促进法拉伸的作用主要是通过增加肌肉的张力和活动来放松肌肉，此方法在国际运动医学和训练上普遍采用，用于提高运动员肌肉的柔韧性。PNF拉伸法包括被动的牵拉和主动的肌肉收缩活动（包括向心、等长收缩），需要由旁人帮助完成。此方法能够促进肌肉放松，相比其他牵拉方法有特殊的优点。其缺点是需要旁人帮助，自己不能单独完成。

（二）主动拉伸技术

主动拉伸练习是指运动员依靠自己的力量将肌肉、肌腱、韧带等软组织拉长的练习，可由运动员独立完成。由于篮球队运动员人数多，拉伸练习时通常由教练员带领运动员进行。主动拉伸练习的质量和效果往往取决于运动员的态度和正确拉伸技术的掌握，因此教练员需要随时发现问题并提示运动员拉伸练习时的规范技术和要求。在训练实践中我们常见到的现象是，拉伸练习动作虽然很简单，但运动员的拉伸技术动作却并不规范，这说明运动员未掌握正确的拉伸技术，需要教练员不断提示。

（三）拉伸练习的安排顺序

通常情况下，拉伸练习的顺序应先从中心部位开始，即背部、臀部、大腿后肌群。下面是专家推荐的全身肌肉牵拉练习顺序。

1. 躯干和下肢部位

①背部。②臀部。③大腿后肌群。④腹股沟（内收肌）。⑤股四头肌。⑥腓肠肌及脚、踝。

2. 颈部和上肢

①肩部肌群。②手臂、手腕、手指。③颈部。

四、放松运动

放松运动是指运动员在训练结束后进行的 15～25 min 小运动量活动。放松运动能使队员的肌肉得到恢复，身体恢复到放松状态。一般的放松运动主要是针对腰部、大腿后肌群、股四头肌和其他肌肉群的伸展运动。许多运动项目是无氧运动，在高强度训练之后肌肉会产生大量的乳酸。因此，运动员为自身健康和运动寿命考虑，必须做好放松运动。

NBA运动员通常在训练结束阶段采用低强度的投篮练习，如非对抗条件下的罚球或三分球练习。此外，在训练结束阶段，由于运动员的身体机能处于较高的激活状态，神经系统兴奋性较高，肌肉紧张度和黏滞性较低，对球员的肌肉进行伸展性练习会取得较好的效果。

第四节　篮球运动员力量训练

一、篮球运动员的力量训练

（一）篮球运动员力量训练的重要性

力量是指人体肌肉系统工作时克服或对抗阻力的能力，肌肉力量是运动员完成各种动作的原动力。篮球运动员力量水平的高低对速度、弹跳、灵活性及耐力的水平都有着重要的影响，也是发挥技术水平的重要基础。另外，通过系统的力量训练可以提高运动员肌肉和韧带组织的力量，扩大了关节活动范围，同时也会明显降低运动员受伤的概率。

我国篮球运动员在与欧美强队运动员的身体对抗中，明显表现出体能方面的差距，其中最突出的问题是力量水平较低，反映出我们的力量训练存在诸多问题。例如，力量训练方法单一，主要以杠铃为主；力量训练缺乏计划性、系统性和针对性。其主要现象有：

（1）下肢力量强，躯干和上肢力量弱；（2）伸肌力量强，屈肌力量弱；（3）大肌群力量强，协同肌、稳定肌及小肌群力量弱。

运动员的力量发展不协调和不均衡，将造成场上身体对抗能力差，而且会导致运动损伤的比例明显上升。从这几年国家队集训的情况可以发现，国家队运动员的损伤尤其是膝关节损伤（劳损）的比例是比较高的，运动员长期受伤病困扰，常出现阵容不齐的情况。这也反映出我们过多注重运动环节的功能力量训练，忽视了运动环节的保健防伤训练。

（二）篮球运动员力量素质的表现形式

篮球运动中力量的表现形式主要包括最大力量、中等力量、爆发力、爆发力耐力、肌肉体积和肌肉耐力等六个要素。

篮球运动员的力量在以上这六个方面都需要发展，但所占比例是有所不同的，其中爆发力耐力的要求最高，其次是爆发力、肌肉耐力、中等力量、肌肉体积和最大力量。这里提到的爆发力耐力是一个新的概念，它实际上就是指连续起跳、连续运动和连续加速跑的一种综合能力，是篮球专项力量要求发展比例最高的。作为篮球体能教练员，需要根据篮球专项力量的需求比例分析，为篮球运动员设计全面系统的力量训练方案来提高运动员的专项力量水平。那么，如何才能设计合理有效的力量训练方案呢？体能教练员首先要了解清楚力量训练的刺激对机体的反应，也就是力量训练的适应性，这样才能明白"练什么"和"怎么练"。

（三）力量训练的适应性

力量训练（或称抗阻训练）实际上也是一种无氧形式的运动。当一个训练计划开始进行时，会引起肌肉力量、爆发力和训练肌肉体积等变量的改变，而神经系统的适应作用是使力量提高的主要生理系统，内分泌系统对于适应作用的初期过程也有帮助。因此，了解这些相关因素的适应性变化有助于设计有效且合理的力量训练计划。

二、力量训练的规范技术

为什么要强调力量训练技术动作的规范呢？在我们进行力量训练时常常会见到许多动作细节不规范的现象。作为体能教练，首先应该清楚并指导运动员掌握正确的力量训练标准和要求，如训练器材的正确使用方法，负重训练时的安全保护方法、正确的身体姿势或体态等。做到这些有两方面的益处：一是保证训练的质量和效果，二是预防负重训练时意外损伤的发生。下面将使用力量训练器材时经常出现的细节错误、动作问题以图示的方式列举出来，以引起教练员重视。

（一）力量训练器材的使用规范

使用力量器材时采用规范技术，才能保证训练安全和训练效果。下面将常用的一些力量负重器材使用的规范技术及常见错误方法列举出来，以便在训练中引起重视。

（1）杠铃杆的正确握法：拇指采用闭环式握法。（2）负重杠铃时的正确身体姿势要领：挺胸、收腹、别腰、头平视。（3）哑铃的正确握法：拇指采用闭环式握法。（4）提杠铃起始位时的技术动作要领：挺胸、收腹、别腰、头平视，双肩应处于杠铃前面。

（二）常见力量训练器材使用时出现的错误动作

（1）屈体提杠铃时常出现的错误动作。（2）后蹲时的膝关节与髌尖起始位：要求髌尖不应超过脚尖。（3）杠铃上举姿势：臀、肩、杠铃应呈直线，与地面垂直。（4）负重上举时的上臂内侧应向耳部靠近。（5）负重时的呼吸方法：杠铃或哑铃上推时应呼气，减少憋气，有利于心脏血液回流。（6）杠铃卧推的正确保护技术。（7）杠铃弓步跨和上台阶的正确保护方法。（8）卧推的正确保护技术：保护者的双手呈交叉位护杠。（9）平板仰卧负重训练时正确的身体五点（头、肩、臀和双脚）支撑要求。（10）仰卧伸肘的正确保护技术。（11）哑铃仰卧推举的正确保护技术。（12）杠铃片的正确排列方法：

大重量杠铃片到小杠铃片的安放应由里向外。(13)其他不安全的情况。

这些细节错误是我们在进行负重力量训练时经常出现的问题，也是最容易被忽略的细节。

三、核心力量训练

(一)名词解释

"核心力量训练"是近年来体能训练中提及较多的一个名词概念，同时在力量训练中还有一个名词概念是"核心练习"。因此，这里首先需要将"核心力量训练"和"核心练习"两个概念加以区别，以防在应用中混淆。

核心力量训练。这里的"核心"实际上就是指人体双肩和双髋关节之间的躯干和骨盆区域，通常也称为躯干部位。因此，该区域的力量训练就称为"核心力量训练"或"核心部位力量训练"，也就是指加强该区域肌肉群力的训练方法。从生物力学角度看，人体重心位于该区域，是人体运动链的最基本环节，也是各种肢体动作的支撑和附着点，直接影响各种技能动作的质量。人体核心部位的解剖结构和功能，与四肢相比有显著差别，大部分都起到支持、保护和稳定作用。因此，核心力量训练是力量训练中必不可少的重要辅助练习。

核心练习。按照力量训练中所动用的肌肉横切面积的大小及与专项运动的相关性，可将力量训练方法分为核心训练和辅助训练两部分。这里，核心练习是指动用一组或多组大块肌肉，并涉及两个以上关节的力量训练方法。

那么，核心练习和核心力量训练究竟如何区分呢？简而言之，核心练习是根据力量训练中所参与运动的大肌群和关节多少来定义的；而核心力量训练则是按照身体部位（躯干）来定义的。

(二)核心力量训练技术

本节所涉及的核心力量训练就是指人体躯干部位的力量训练。该类练习动作以静力性练习为主，但也可以进行动力性练习，可以根据力量训练的目的不同进行设计。下面分别从核心力量的徒手练习、身体平衡控制练习进行介绍。

1.徒手练习

(1)仰卧直臂屈膝抬髋

目的：加固腰、髋、腹部深层肌群，提高腰部和骨盆的控制能力。

方法：运动员仰卧、屈膝，双脚平放地面。然后髋与背向上挺离开地板，同时两臂向上伸直，身体固定。静力动作保持 20～30 s。

(2)单腿俯姿腿臂平伸

目的：加固腹部深层肌群，提高腰部和骨盆的控制能力。

方法：单腿站立呈俯姿，单臂前伸（或触支架），收腹，同时水平前伸右臂和后伸右腿。水平前伸的右臂和后伸的右腿与躯干成为一条直线，平行于地面。静力动作保持 20 ~ 30 s，双腿交替练习。

（3）俯撑腿臂平伸

目的：加固腹部深层肌群，提高腰部和骨盆的控制能力。

方法：运动员呈俯姿，双臂伸直撑地，双腿跪撑地，固定腹部。开始练习时同时水平前伸右臂和后伸左腿。水平前伸的右臂和后伸的左腿与躯干成为一条直线，平行于地面。静力动作保持 30 ~ 60 s，双腿交替练习。

（4）俯姿平撑

目的：加固躯干深层肌群，提高腹、背部和臀部肌群的控制能力。

方法：运动员呈双臂屈肘撑地的俯卧姿势，要求双腿伸直并拢用脚尖撑地，直体固定腹背部，静力动作保持 30 ~ 60 s。

（5）仰姿桥撑

目的：加固躯干深层肌群，提高腹、背部和大腿后部肌群的控制能力。

方法：仰卧，双臂在体侧伸直，双手掌心向下支撑身体，双腿屈膝、并拢，用脚撑地提起髋部离地，身体成桥形姿势固定，要求静力姿势保持 30 ~ 60 s。

2. 身体平衡控制能力训练

身体平衡控制能力训练是使人体的神经肌肉系统在下意识的情况下学会控制和调节动作方式，对于提高力量练习的专项运动针对性，并通过各种补偿性反射活动来预防受伤具有重要的积极意义。常见平衡练习使用的器材有单向圆底踏板和圆底踏板。利用这些器材可以设计进行许多平衡训练，以下是几种常用的平衡练习方法。

（1）单向圆底踏板双脚站立

目的：提高身体平衡控制和神经肌肉反射调节能力。

方法：双脚踩在圆底踏板上，控制踏板不发生前后滚动。要求身体尽量保持平衡不晃动，并维持姿势 2 ~ 3 min。

（2）圆底踏板单脚站立

目的：提高身体平衡控制和神经肌肉反射调节能力。

方法：单腿直腿支撑身体，将脚踩在圆底踏板上，另一只腿屈膝上提，然后纵向踏在圆底踏板上，控制踏板不发生左右滚动，再斜向踏在圆底踏板上，控制踏板不发生斜向滚动。要求身体尽量不晃动，保持 2 ~ 3 min，双腿交替练习。

（3）单脚上圆底踏板支撑移重心

目的：提高身体移动中的平衡控制和神经肌肉反射调节能力。

方法：面对圆底踏板站立，一只脚踏上圆底踏板逐渐转移并支撑身体重心，要求身体尽量稳定，动作连贯。双腿交替练习。

（4）双手持哑铃多向交叉步上球面踏板

目的：提高身体平衡、动作控制和调节能力。

方法：面对踏板站立，双臂下垂且双手握哑铃放于体侧。动作开始时单脚跨步踏上球面踏板，并单脚屈膝支撑保持平衡 20 s 后，再向前跨出形成弓箭步，然后后腿前收回到站立姿势结束动作。双腿交替练习。要求踏上球面踏板单脚支撑时身体应尽量保持平衡。

综上所述，核心力量训练主要涉及人体躯干部位的力量训练。核心力量训练的方法也是围绕躯干部位进行设计的，其常用方法有徒手练习、瑞士球及平衡能力的训练，是力量训练中必不可少的辅助练习。

四、篮球运动员常用负重力量训练

为了提高运动员的各种力量水平，需要采用各种专门的力量训练器材进行全面、系统的训练。过去，许多地方篮球队的力量训练存在诸多问题，比较突出的表现主要有以下几种：一是负重训练单一，主要采用杠铃训练，难免导致运动员全身各肌肉群的力量发展不均衡，往往造成下肢力量发达，而躯干和上肢相对薄弱的结果。二是负重训练时的技术动作不规范，影响训练效果并容易导致受伤。三是由于力量训练器材配置不全而导致许多训练方法无法进行。

随着科学技术的不断发展，各种现代力量训练器械不断出现，如何科学地运用各种现代训练器械及设备进行训练，需要我们不断地学习和实践。NBA 运动员几乎每天都要利用综合力量练习器发展各部位特别是薄弱部位肌群的力量。欧美篮球运动员发达的肩带、上肢与躯干肌群不是打篮球打出来的，而是依靠各种专门力量练习进行长期系统训练获得的。因此，本节首先介绍篮球运动员常用的力量训练方法及技术动作规范，为后面的力量训练方案的设计做准备。

负重（抗阻）力量训练主要采用杠铃、哑铃、实心球及众多的专门力量训练器械，充分利用这些力量训练器材可以针对运动员的腰、腹、背、胸、肩、上肢、下肢等部位的肌肉进行全面的力量训练。由于力量训练方法众多，下面对篮球运动员采用较多的一些力量训练方法进行详细介绍，要注意各个练习的技术细节要求和动作规范。

（一）后蹲

1. 运动员

（1）起始姿势

闭合式正握，握距依杠铃的位置而定，两脚平行；将杠铃放在肩上，两边要平衡；杠铃在三角肌后部的上方，在颈下端，两手握距比肩稍宽；肘关节向后抬高，利用背部上方的肌肉和肩部肌肉形成对杠铃的保护；挺胸，两肩胛相互靠拢，头向斜上方倾，双脚开立与肩同宽（或略比肩宽），两脚受力均匀，呈轻微外八字。

（2）向下运动时相

保持躯干与地面的相对角度不变，躯干微屈，缓慢屈膝、屈髋；保持背部平直，高肘位，挺胸；不要屈躯干，不要驼背；继续屈膝、屈髋，直到大腿与地面平行。在运动的最后阶段，不要加速，不要放松躯干。

（3）向上运动时相

以同样速率伸膝、伸髋，保持躯干与地面的角度固定；保持平背、高肘、挺胸姿势；保持脚跟不离地面，膝关节在脚的正上方；不要屈躯干或驼背；继续伸髋、伸膝，直到起始位置。一组练习结束后，向前走向支架，下蹲，将杠铃放稳在支架上。

2.保护者

（1）起始姿势

在杠铃两端站直，两脚与肩同宽，膝微屈；两手掌心向上，相叠成杯状握住杠端；接到运动员信号后，抬起杠铃，离开支撑，并将杠铃平衡地放在运动员肩、背上；平稳地松开手，并保持双手在杠端下 5 ~ 8 cm。

（2）向下运动时相

保持两手的杯状重叠，在下降过程中靠近杠铃，但不要触及杠铃；在跟随杠铃下降的过程中，缓慢屈膝，保持腰背平直。

（3）向上运动时相

保持两手的杯状重叠，靠近杠铃，但不触及杠铃，跟随杠铃上移；跟随着杠铃的上升，保持腰背平直。一组练习完成后，两位监护者同步侧移，伴随运动员回到支架前。两位保护者同时抓握杠铃，帮助放稳杠铃。

训练肌肉：臀大肌、半膜肌、半腱肌、股二头肌、股外侧肌、股内侧肌、股中肌、股直肌。

（二）前蹲

1.运动员

（1）起始姿势

身体移至杠铃下方，两脚平行站立；闭合式正握杠铃，握距比肩略宽，将杠铃杆置于前部三角肌和锁骨上面；充分屈肘，使上臂与地板平行；挺胸，两肩向外展；头微微后仰；就位后示意保护者将杠铃由架上抬下；伸髋、伸膝，抬起杠铃；向后退一步。两脚分立，与肩同宽（或略宽于肩），两腿受力均衡，脚轻微外八字。每次重复练习时都由此位置开始。

（2）向下运动时相

保持躯干与地面角度的相对固定；保持高肘、平背、挺胸的姿势；保持脚跟着地，膝关节在脚的正上方；不要前屈躯干或驼背；继续屈髋、屈膝，直到大腿与地面平行；在下降过程的最后阶段不要加速，也不要放松躯干。

（3）向上运动时相

同步伸髋、伸膝，保持躯干与地面角度的相对固定；保持高肘、腰背平直、挺胸的姿势；保持脚跟着地、膝关节在脚的正上方；不要前屈躯干或驼背；继续伸髋、伸膝，直到起始位置。一组练习完成后，向前移动到支架；将杠铃在支架上放好后下蹲退出。

2. 保护者

（1）起始姿势（两名保护者）

两脚开立与肩同宽，膝微屈，在杠铃端站好；两手掌心向上，重叠形成杯状，抓住杠铃端；收到运动员示意后，协助运动员平衡杠铃并将杠铃由架上取下；平稳地松开杠铃；将手置于杠铃杆端下方 5～8 cm 处；运动员后退时，侧移并跟随；运动员就位后，两脚开立与肩同宽，膝微屈站好，躯干直立。

（2）向下运动时相

在下降过程中两手保持与杠铃杆的接近，但不触及杠铃杆；在跟随杠铃杆下降的过程中，缓慢屈膝、髋和躯干，保持背的平直。

（3）向上运动时相

在杠铃上升的过程中，仍保持两手重叠形成杯状，掌心向上，接近杠铃杆，但不触及杠铃杆；在跟随杠铃向上移动的过程中，缓慢伸膝、髋和躯干，保持背部平直。一组练习完成后，两保护者同步侧移，跟随运动员移向支架；两人同时握住杠铃杆，辅助运动员保持杠铃杆平衡并将杠铃放回支架；平稳地松手。

训练肌肉：臀大肌、半膜肌、半腱肌、股二头肌、股外侧肌、股内侧肌、股中肌、股直肌。

（三）高翻

这个练习是通过快速有力的提拉将杠铃由地面快速移至肩前。这个动作包含四个时相，但是一个完整的、连贯的整体动作。

1. 起始姿势

两脚开立，宽度介于肩宽与髋宽之间，轻微外八字；下蹲，髋低于肩，两手闭合式正握杠铃；握距略宽于肩，置于两膝外侧，肘伸直；脚平稳站立，杠铃杆在脚上方，距胫骨约 3 cm。

2. 向上运动时相（过渡）

当杠铃高过膝关节后，向前挺髋，轻微屈膝，膝向前顶，置于杠铃杆下方；保持背部平直或微弓，肘向外侧伸直，头与躯干成一直线。

3. 向上运动时相（第二次提拉）

快速有力地伸膝和提踵；保持杠铃杆尽量靠近身体；保持背部平直，肘关节指向外侧，头与躯干呈一直线；保持肩在杠铃杆上方，肘关节保持伸直的时间越长越好；当下肢关节充分伸展之时，快速向上耸肩，仍保持肘伸直；当肩向上耸达到最高点后，屈肘，开始将身体移向杠铃杆下方；举杠越高、时间越长越好。由于这个阶段动作的爆发性，躯干直立或微向后仰，头微向后倾，脚可能短暂离开地面。

4. 向上运动时相（抓杠）

当下肢关节完全伸展、杠铃达到最高点时，身体移入杠铃下方，胳膊移至杠铃下面；同时屈膝、屈髋，达到下蹲1/4的位置；一旦上肢转至杠铃下面，抬肘，使上臂与地面平行，将杠铃横架在锁骨和三角肌前部之上。

5. 向下运动时相

逐步减小胳膊肌肉张力，有控制地将杠铃下降到大腿处；同时屈髋、屈膝，缓冲在大腿上的冲击力；肘关节伸直，下蹲，直至杠铃触地。

训练肌肉：臀大肌、半膜肌、半腱肌、肱二头肌、股外侧肌、股直肌、比目鱼肌、腓肠肌、斜方肌。

（四）快速上挺

快速上挺是快速有力地将杠铃由肩部推至头顶上方的动作。

1. 起始位置

闭合式正握杠铃；握距较肩略宽，身体移到杠铃杆下方，两脚开立与肩同宽；向上移动到杠铃杆位置，将杠铃杆放在三角肌前部和锁骨上；伸髋、伸膝，将杠铃抬离支架；向后退一步；两脚与肩同宽，两脚受力均衡，脚微微外八字。每一次重复动作都由此位置开始。

2. 向上运动时相

下蹲之后，快速有力地伸髋、伸膝和提踵，接着利用推肘之力将杠铃举至头顶上方。

3. 向下运动时相

逐步减少臂部肌肉的紧张度，使杠铃有控制地下移至肩部；同时屈髋、膝，以缓冲杠铃对肩部的冲击力。

训练肌肉：臀大肌、半膜肌、半腱肌、肱二头肌、股外侧肌、股直肌、比目鱼肌、腓肠肌。

（五）仰卧蹬腿

1. 起始姿势

腰、髋、臂紧贴靠在练习器座位上；两脚开立与肩同宽置于脚蹬平台上，略微外八字；两腿相互平行；手握把手，移动髋和膝，使之尽量靠近背垫；用手移去支撑装置并再次抓紧把手。每一次重复动作都由这个姿势开始。

2. 向下运动时相

髋、膝缓慢屈，使脚蹬平台下移；不要让平台下得太快；保持髋、臀在座位上，背平直地靠在背垫上；不要使髋或臀部离开座位；保持腿的相互平行；下降过程中，手不要松开把手；髋、膝屈，直至大腿与脚蹬平台平行为止。

3. 向上运动时相

伸膝用力向上推动平台；上推到充分伸展的位置，但不要锁死膝关节；髋、背位置保持不变，不要抬起臀部；不要内外晃动膝关节。完成一组练习后，将杠铃放回支撑装置，抬脚离开练习器。

训练肌肉：臀大肌、半膜肌、半腱肌、股二头肌、股外侧肌、股中肌、股内侧肌、股直肌。

（六）练习器俯卧后屈膝

1. 起始姿势

俯卧在练习器械的垫子上，贴紧垫子；踝关节放在踝滚下并与之贴紧；两腿相互平行；膝关节超出大腿垫的下缘；膝关节要与器械转动轴同心，否则调整踝滚，摆正腿位；抓紧胸垫两侧的把手。

2. 向上运动时相

充分屈膝，抬起踝滚；保持躯干固定，髋和躯干贴紧垫子；双手要一直握紧胸垫两侧的把手；不要让髋或大腿离开垫子。

3. 向下运动时相

缓慢伸膝，回到起始部位；保持躯干固定，躯干紧贴垫子；两手抓紧两侧的把手；不要用力锁死膝关节（过度用力伸膝）。

训练肌肉：半膜肌、半腱肌、股二头肌。

以上比较详细地介绍了篮球运动员常用的力量训练方法与技术规范要求，实际上现代力量训练器械和方法是很多的，如何正确规范地运用现代训练器械设备进行力量训练，需要我们不断地学习和掌握各种力量训练的正确技术要求，才能达到良好的训练效果，并避免力量训练中的运动损伤发生。篮球运动员尤其需要重视专门的力量训练方法，并且在体能教练的指导下注意各种力量练习的技术动作规范，如此才能达到良好的训练效果。

第五节 篮球运动员速度及速度耐力训练

一、速度训练方法

(一) 概念

速度素质是指获得高速度的能力，在特定动作中是应用爆发力的标志。速度耐力是在高速度下能保持较长时间，能使最大加速运动重复更多次的能力。对篮球运动员而言，还有一种速度耐力，叫作专项速度耐力。由于篮球运动是以运动、休息相间的模式进行，比赛中常是一种持续的低强度运动中穿插高强度的运动，或是相间的高强度运动和间歇，这称为篮球的专项速度耐力。专项速度耐力包含完成练习或比赛中预定的技术、战术目标的能量供应速率和恢复能力。而速度耐力为速度素质提供了代谢基础，即保持速度的能力，使快速能力保持较长时间，也保证了加速运动重复能力的增强。

篮球运动中的速度具有突然性、应变性、多样性的专项特点，速度的表现形式有反应速度、移动速度、动作速度、转换变化速度及各种处理球的速度。篮球运动员的速度训练必须在一般速度发展的基础上，提高适应比赛要求的专项快速技术能力和快速反应能力及速度耐力。下面将讨论与速度相关的生物力学和生理学因素。

(二) 速度 – 力量关系的动力学分析

1. 力量 - 速度曲线和拉长 - 收缩周期（SSC）概念

篮球运动中大多数专项运动技术的动作时间是很快的，需要快速发力。研究显示，优秀运动员的启动时间为 0.1 ~ 0.2 s，但获得绝对最大力量的时间却为 0.6 ~ 0.8 s，这说明最大力量还不是决定快速力量（或爆发力）的关键因素。例如，在篮球运动的突然起动、加速过人、急停跳投等运动中，其运动效率常常是由快速发力、快速获得临界功率的过程决定的。这就表明，发力的方向、发力的大小及发力的速度等都是同等重要的。因而，速度训练和灵活性训练的基本目标之一就是增加冲力，即在规定时间内产生更大的力，或者说提高发力的速率。

篮球运动中许多运动都有快速发力的特征，如连续起跳抢篮板球，起跳落地马上加速跑等动作。在这样的动作中，准备动作往往是一个反向运动，反向运动就是动作主动肌（股四头肌、腓肠肌和比目鱼肌）被快速、有力地拉长，或者说受到牵拉负荷，紧接着是急速缩短，这种离心 - 向心运动的偶联现象被称为拉长 - 收缩周期，这种动作在篮球运动中非常常见。研究证实，优秀运动员所具有的拉长 - 收缩周期动作的运动能力与他们的最大力量相关甚少，因而在基本的大负荷力量训练之外还应该包括拉长 - 收缩练习。拉长 - 收缩周期的练习动作既利用了肌肉的牵拉反射，也利用了肌肉 - 肌腱内在的弹性能。运动中，在离心拉长阶段所承载的力和功率往往大于向心缩短阶段所产生的力和功率。例如，篮球运动员短跑中落地时的反作用力可以超过体重的四倍。这些反作用力的增加意味着肌肉的离心拉长阶段需要产生更大的力来抵御和制动过程，使之转为向心收缩。在这个过程中，弹性能量也起着重要的作用。因此，在训练中如果没有对含有拉长 - 收缩周期的运动方式进行很好的训练，就会导致这些动作技术不完善、快不起来或是造成相关肌肉的拉伤。因此，在速度训练中，既要使力量 - 速度曲线向上、向右移，使功率平台更高、更宽，还要提高肌肉在离心收缩中的力量和反应速度。

2. 运动速度

运动中多关节复合运动的动作速度是由神经 - 肌肉机制决定的，并与能量代谢过程密切相关。这种动作速度通常是由功能性术语来表达的。例如，快速性、反应能力、爆发力、耐力、运动协调性等。这与无负重的单关节运动的动作速度关联不大，这种运动速度由相对独立的形式表达，如运动反应时、运动时间、快速启动能力、最大运动频率等。

随着阻力的增加，肌肉力量在运动速度中的作用增加。在比赛和训练中，运动员经常需要进行高负荷、大重量的运动，如克服自身体重、器量重量、对手的体重等，因此需要更大的力量和更大的功率来进行快速的加速—减速—加速运动，从而获得高速度。等长收缩力量和肌肉的慢速力量与肌肉的横截面积高度相关，而肌肉的快速力量则与运动单位中Ⅱ类（快）肌纤维的百分比相关。

3. 反应能力与反应时

反应能力与反应时是两个不同的概念，前者是速度 - 力量关系中的重要特征。例如，在拉长 - 收缩周期中所讨论的，通过爆发力训练可以提高反应能力。而反应时通过训练提高的可能性较少，与运动反应的时间和运动的能力相关性不大，即使在爆发力项目中也是如此。例如，优秀短跑运动员的听觉反应一般为 $0.12 \sim 0.18$ s，但是这个反应时与运动员跑的成绩关系并不大，而运动员的加速能力、速度耐力及最大速度等则与运动员速度成绩关系更为密切。

（三）速度训练的技术分析

1. 短跑步频与步幅的关系

短跑是一系列快速、爆发式的跑动。在短跑中，跑动速度就是步频与步幅的相互作用。优秀运动员与低水平运动员的步频、步幅及运动成绩的差别是不同的。运动员在不同速度下的步幅与步频的关系是，随着跑动速度接近最大，步频的变化大过步幅的变化，因而在决定最终速度的因素中，步频的作用更大。步幅与身高、腿长直接相关，对每名运动员来说都是不同的。步幅与脚触地时产生的冲击力有关，通过训练来提高步频的可能性较大。当运动员加速到最大步频时，脚掌与地面的接触时间缩短，这时产生的冲击力则越来越多地依赖产生爆发式的地面反作用力的能力。

运动员的速度是步幅与步频相互作用的结果。在初始加速阶段，步幅和步频同样重要，但对跑动的最大速度来说，步频的作用更大。随着速度的增加，冲力的产生越来越多地依赖快速发力的能力。

2. 短跑的步态分析

优秀的运动员能使步频达到 5 次/s，速度达到 12 m/s。优秀运动员短跑中摆动腿的前摆速度可达 20 m/s。最佳的摆腿动作应该是膝部折叠好，向前抬得高，脚下压快，触地点在重心下或较重心略前。优秀运动员能有效地减小水平阻力和垂直波动，能够在支撑阶段快速发力、较早发力、较早达到力的峰值。这充分说明摆腿后期和支撑早期的技术对于技术的有效性是至关重要的。

篮球运动员的速度训练与短跑运动员有差异，但对于速度训练的基本技术要求及提高步频与步幅的要求是一致的。篮球运动员掌握正确的短跑基本技术，对速度水平的提高是非常重要的。因此，把握这些要点有利于教练员更好地指导篮球运动员的速度训练。

3. 短跑技术

速度训练一般应着重以下技术关键：起跑和加速跑阶段注重蹬地，高速跑阶段注重步态和抬腿。同时还应注意以下技术特征：

眼：盯住前进的方向；

手：利用手臂的有力摆动和膝的下压辅助腿部动作；

腿：动作要有爆发力，要减少触地时间。

这些动作的练习可先在中等速度练习中逐步完善，然后在全速跑过程中练习和完善。技术错误以多种形式表现出来，通常与疲劳、能力水平低下、对技术要领理解错误等有关。

4. 速度训练目标和训练要点

根据以上分析，我们可以建立运动员的速度训练目标：

（1）通过控制着地点在身体重心的下方，以及通过加快小腿和脚在着地时的后摆速度，降低着地产生的制动力。（2）降低着地时间，提高步频，这需要发展运动员高水平的速度-力量水平。（3）腿前摆时，膝关节屈肌的离心收缩力量十分重要。

体能教练应该掌握以上要点，虽然篮球运动员不需要达到短跑运动员的训练水平和技术，但教会运动员关键技术要点是很重要的，尤其是在年轻运动员的速度训练基础阶段更为重要。

二、速度训练方案的设计

（一）发展运动员速度的三个阶段

发展速度的训练方法需要循序渐进，主要分为三步进行。

1. 掌握速度训练的基本技术阶段

这一阶段的方法包括脚在身体重心下方着地、减小制动力、减小着地时间、发挥最大后蹬力等，这些都是与肌肉爆发力和运动效率密切相关的。在训练的初期，这些练习可以在速度中上的情况下完成，以便掌握完善的技术。当运动员的速度练习技术掌握之后，要以最大速度来完成练习。

2. 发展步频与步幅训练阶段

采用助力跑和阻力跑来发展速度。助力跑是人为地施加外部辅助的手段，增加跑的速度提高步频。阻力跑是人为地增加跑动阻力的练习，以此发展速度-力量，提高步幅。

助力跑：这种方法包括下坡跑、高速牵引跑及其他辅助手段，使运动员以超出自己最大速度10%的速度进行练习，以达到提高步频的效果。如果超出了这个限度，会使运动员身体动作后仰，或出于自我保护而出现跨大步、主动制动等现象。在进行这种练习时，有三个技术要领一定要掌握：①手、脚转换速率；②脚在髋关节下方着地（保持正常跑步动作）；③拼速度，争上"五挡气阻力跑"，这种方法包括上坡跑、牵引跑。

3. 全面发展专项速度训练阶段

此阶段所采用的方法包括基础体能训练、爆发力训练和速度耐力训练。基础体能训练可提高运动员的耐力和力量水平，促使速度和灵活性训练能安全有效地进行；爆发力训练应该在专项运动的动力链中完成；速度耐力训练可以是传统的方法，如比赛、计时、间歇训练等，也包含篮球专门的训练，如场地往返跑、连续快攻上篮等。

（二）速度训练方案的设计

1. 速度和速度耐力训练的生物化学基础

要有效地计划和实施速度和速度耐力训练，需要体能教练具备基本的训练生理学基础，这里简要介绍几个关键的运动科学概念。

（1）速度训练的生化机理

最大速度与肌激酶（MK）和肌酸激酶（CK）活性成正比，与乳酸脱氢酶（LDH）总活性成反比。因此，与ATP合成和丙酮酸-乳酸转化相关的酶活性是决定冲刺速度至关重要的因素。冲刺跑训练对磷酸化通路有很强的作用，而对糖酵解和有氧代谢的作用比较小。许多研究者在无训练者的实验中观察到，通过冲刺训练提高了ATP酶、肌酸激酶、肌激酶等的活性，同时提高了冲刺速度。

高强度、短时间的训练能提高磷酸化和快速糖酵解反应通路的速率，在Ⅱ类肌纤维（快肌）中，这种作用尤其明显。在由休息到运动的过渡期或由一种负荷到另一种负荷的转换期，上述代谢通路发挥着主要功能作用。在几秒钟的高强度运动后，肌细胞内 ATP 水平可以下降 40%～60%，而磷酸肌酸水平却几乎可以耗尽。另外，无氧功率的大小和吸氧量值成反比。在氧化代谢加强以后，无氧功率下降（例如，在持续的亚极限运动中或者在冲刺的恢复期）。磷酸肌酸的再合成是靠有氧代谢来实现的，恢复的速度具有双时相性：快时相的半填充期为 20～22 s，即可在 20～22 s 的时间内补充 50%；慢时相的半填充期为 170 s，即 170 s 才能再补充另外的 50%。

在训练实践中，这些理论的应用有双重性：首先，对神经肌肉和功率输出要求极高，速度训练应该在代谢压力较小的情况下进行，即在准备活动后、其他练习前进行；其次，训练课的安排要突出重点，在速度训练中要短时间（2～3 min），多间歇，以达到最大功率。重复训练法是最好的训练速度和灵活性的方法，比赛和间歇训练法是提高速度耐力最合适的方法。

（2）速度耐力训练的生化机理

随着运动负荷时间的延长（或重复训练中恢复时间的缩短），糖酵解产生的最终产物超过了线粒体的氧化能力，这时组织中的酸碱平衡就被打破。肌肉组织中的乳酸和丙酮酸水平，制约了糖酵解的进一步发展，导致肌组织酸碱平衡失调。在大强度运动时，Ⅰ类肌纤维的 pH 可下降到 6.1，而安静时肌组织中的 pH 则约为 7.0。大强度运动 1～2 min，肌乳酸可出现峰值，由此引起的对兴奋 - 收缩偶联和横桥的影响会导致肌肉的力学特性和能量供应受到干扰，使发力速率、峰值力量、速度、功率等都下降，恢复时间延长。

丙酮酸和乳酸的清除依赖于它们的有氧氧化，同时乳酸和丙酮酸在产生部位和清除部位之间穿梭也加快了它们的清除速率。丙酮酸和乳酸的清除机制使葡萄糖通过酵解功能的途径得以缓冲，这种缓冲的效率则依赖于有氧氧化能力和丙酮酸 - 乳酸浓度。乳酸清除速率受到体位、训练状态、负荷强度及恢复期活动方式等方面的影响。有训练的受试者如果在恢复期采用积极性休息，如慢跑和按摩，乳酸的半清除期可以是 7 min。

以上这些研究结果表明无氧代谢过程和有氧氧化过程在运动中、运动后的相互依赖关系。在大强度运动之前的准备运动或运动后恢复期采用亚极限强度进行运动是适宜的，对于长期运动训练来说，一定要认识到间歇训练可以加强速度耐力，同时可以提高糖酵解和氧化酶的活性，提高酸碱缓冲能力，提高各项无氧功率指标。这些指标的提高是不能通过亚极限有氧耐力训练来实现的。因此，要根据运动项目的性质，谨慎地安排亚极量有氧耐力训练。

解决无氧代谢和有氧代谢训练矛盾的可行方案之一就是将训练总量分成若干片段，例如，将总的跑步距离划分成较短距离的几组训练，代替连续的跑圈训练。再将这些片段训练的强度提高到100%最大吸氧量强度或超过100%最大吸氧量强度,并合理安排间歇时间。这样的安排既可以提高练习的强度,同时又强调了速度技术。在训练周期中,只要安排的强度和持续时间不超过破坏技术的阈值,都没有必要限制运动的强度。针对所有项目的耐力训练都可以通过间歇训练的高强度方式来发展有氧代谢能力,而不必进行长时间、低强度的运动。将间歇训练纳入训练计划中,既可获得最好的训练效果,又可解决有氧训练和无氧训练之间的矛盾。

速度练习和灵活性练习应该安排在训练课的开始部分,以短时间、多间歇为宜。高强度的间歇训练之前需要进行充分的准备性训练和基本短跑技术训练,并在练习之后进行积极性恢复,有助于疲劳的消除和机体恢复过程。通过高强度间歇训练发展有氧强度较持续时间很长的亚极量强度训练具有明显的优越性。

2. 速度训练方案设计需要考虑的因素

合理的速度和速度耐力训练计划的设计需要对下列因素进行合理安排：

(1)训练的练习时间(或距离);(2)练习内容安排的次序;(3)训练—休息(间歇)比例;(4)训练频率(每周几次训练课);(5)练习强度;(6)练习中的间歇时间;(7)练习的重复次数;(8)练习组的集合;(9)练习重复次数的集合;(10)练习的量(一次或一段时间的负荷量)。

以上这些因素都是评价训练的定储指标,与力量训练方案设计的方法是基本一致的。在训练实践中,这些量化指标还需要与许多定性指标,如运动技术、训练目的等结合起来应用,才能达到更好的效果。

目前,我国篮球运动员的体能训练基本上由篮球教练员负责,在速度训练上可能比较重视以时间评定运动员的速度和有球时的速度,往往忽视了运动员基本的短跑技术要求。因此,常见到比赛场上篮球运动员跑步的动作很不规范,如摆臂时左右摆,启动或加速时腿抬不起来,这些不规范的技术动作会导致速度发挥的效率,速度必然快不起来。科学合理的速度训练首先应该建立在标准的技术基础上。因此,体能教练在把握速度训练强度和量的同时,还应该清楚速度训练的技术要求,并指导运动员改进速度训练的技术问题。

第六节　篮球运动员灵活性训练

一、灵活性概念及影响因素

(一) 概念

灵活是指急停、变向、再加速的能力。篮球运动员的灵活性更强调减速能力及随之而来的减速加速转换过程。灵活性包含了减速、急停、减速—加速的转换能力，以及加速力量和减速力量的运动技能，即高速运动中的发力或减速的运动技能。速度耐力则为灵活性提供了代谢基础，即保持速度和灵活性的能力，使快速能力保持更长时间。

运动的技术特点，要求运动员具有快速的反应能力及注意转换能力，准确的判断能力及思维敏捷性，集体间多变的技、战术配合能力及个体的运动表象唤醒能力。这些能力均可集中以灵活性来体现。此外，在篮球这项被称为巨人运动的项目中，必须设法充分挖掘运动员的素质潜力，努力提高技巧，在高、快、灵、准几个方面有新的发展和突破，这就对运动员的灵活性有了更高的要求。

(二) 灵敏性的生理学、心理学基础

身体素质是机体各器官、系统机能的综合表现，而灵活性的发展取决于大脑皮质神经过程的灵活性，这种灵活性是指大脑皮质兴奋和抑制过程转换的难易程度，转换过程迅速，说明灵活性高；反之，则灵活性低。高水平篮球运动员大脑皮质神经过程灵活性很高，对肌肉的控制能力强，能使肌肉迅速收缩和及时放松，使肌纤维工作更趋同步一致和协调，有利于肌肉收缩发力，并使全身各部分肌群间协调配合，完成协调精确的随意运动。因此，发展灵敏性与发展下述心理及生理素质有密切关系。

1. 准确的判断能力与良好的反应能力

发展灵活性，要求运动员在突然变换的环境条件下准确判断赛场情况，并能迅速、及时和准确地再现已经掌握的技术动作，这就要求运动员具备准确的判断能力与良好的反应能力，而这些能力同样与大脑皮质神经细胞的分析综合能力及运动中枢对肌肉的调控能力是密不可分的。

2. 精确的空间、时间和运动知觉

在灵活性的训练中，运动员要准确掌握技术动作及准确评估各种客观情况，要求运动员对所做动作在空间、时间及用力特征等方面做到最佳配合，必须充分调动机体的各种感觉机能，协调配合，才能真正具备对动作精确的空间、时间及运动知觉。

3. 高度分化的节奏知觉

技术动作必须与周围的客观情况相协调，这表现在运动员完成动作时身体各部分之间在时间、空间、用力程度及节奏变化上的合理配合，要求运动员在运动知觉中应具有高度分化的节奏知觉。节奏知觉与协调、平衡及本体感觉有关，需要在长期专项训练中发展。灵活性的发展是人体各种能力的综合运用，因而在发展灵活性的训练中，应从培养运动员的各种能力入手，使其相互影响、相互促进和相互制约。

根据篮球运动员表现出的灵活性与专项的关系，篮球运动员的灵活性可分为一般灵活性和专项灵活性。根据运动（水平运动、垂直运动、二点运动、四点运动）的次数和运动方式的组合不同，灵活性又可以分为闭合性（或预知性）灵活性和开放性（随机性）灵活性。在预先设计好的运动中表现出来的灵活性称为闭合性灵活性，如T形跑、六边形跳等；在随机运动中表现出来的灵活性称为开放式灵活性。

（三）影响运动员灵活性的因素

运动员的灵活性涉及动态平衡能力、协调性、爆发力等素质，这为灵活性的训练带来了复杂性。目前，关于篮球运动员一般灵活性和专项灵活性训练的相关研究较少，只能借鉴短跑和篮球运动员训练实践经验，提出如下有关篮球运动员灵活性训练的一些技术要点：

1. 短跑技术中视觉的重要性为我们的灵活性训练提供了参考

通常，篮球运动员的头部应该居中，除了要求运动员注意同伴、对手或其他视觉目标，无论运动员向哪个方向运动，眼睛都要直视前方。另外，在转变方向时（突然左转、右转）、过渡时（如由后退跑变为转身向前冲）等都要先转头，确定注视的方向后再转向。我们在训练中常说的"转身先转头，转肩、转髋先转眼"就是强调这一点。运动员在刚开始训练时，常常是先转肩、髋，再转头、眼，结果导致转身出界损失时间、损失效率。

2. 在短跑中，特别是在加速阶段，手臂动作的作用十分重要

在灵活性训练中手臂动作同样重要。当转变方向或转身时，运动员必须使手臂在新的运动路线上尽快加速。正如短跑的起跑一样，有力的手臂动作对于提高步幅和步频意义重大。手臂动作不正确或摆臂不充分都会导致速度或效率的丧失。

3. 拉长-收缩练习中关于安全和有效性问题的指导要点也可用于灵活性训练

在一定速度运动中，减速是改变方向的前提。减速能力在灵活性中可能是最重要的。正如在跳深练习中，只有先有效、安全地落地，才能在此基础上再跳起来。

篮球训练中，运动员采取各种有球或无球时背向、侧向的减速、急停、转身和加速的训练都可以提高运动员的灵活性。需要注意的是，在对运动员进行变向训练时，要首先练好减速、制动能力和技巧，同时也要与力量、速度、爆发力、躯干力量等方

面的素质结合起来,训练的过程也要循序渐进,否则会导致运动员膝、踝关节的急性损伤和慢性劳损。目前已经有研究显示,篮球运动员膝关节慢性劳损与落地缓冲技术不好、急停转身技术掌握不好和平衡力量发展不均衡都有很大关系。

二、灵活性的训练方法

(一)一般灵活性训练方法

灵活性训练通常需要与速度训练结合起来进行。发展灵活性一般有如下方法,在应用这些方法时需要与速度训练有机结合应用。

1. 掌握速度和灵活性训练的基本技术

训练方法包括脚在身体重心下方着地、减小制动力、减少着地时间及发挥最大后蹬力等,这些都是与肌肉爆发力和运动效率密切相关的。在训练的初期,这些练习可以在中等速度的情况完成,以便掌握完善的技术,当运动员的灵活性练习技术掌握之后,就要以最大速度来完成训练。

2. 采用助力跑和阻力跑来发展速度和灵活性

此部分练习方法与前文发展步频与步幅的训练方法相同。

3. 基础体能、爆发力、速度耐力和行进中变向地训练

基础体能训练可提高运动员的耐力和力量水平,增强灵活性;爆发力训练应该在专项运动的动力链中完成;速度耐力训练可以是传统的方法,如比赛、计时、间歇训练等。

(二)篮球专项灵活性训练方法

此类练习主要在篮球场进行,下面的方法由中国男子篮球队体能教练示范,主要内容包括起动、加速、减速、急停、转身、滑步、变向等练习的结合。

1. 软梯训练的左右侧向快速跨跳练习

运动员从软梯边侧跨一只脚至软梯方格内,并快速换另一脚进软梯中间,前面一只脚则侧向跨出软梯,并重复练习至软梯另一端。要求运动员触地时间短,脚步动作快。通过软梯可以设计多种脚步练习方法。

2. 障碍左右前后跳

运动员侧向快速起跳,落地马上回跳至起点,重复练习。要求运动员膝尽量伸直,前脚掌落地接快速起跳,触地时间很短。

3. 跳绳单双飞

运动员跳绳时要求膝尽量伸直,前脚掌落地接快速起跳,触地时间很短,单脚和双脚可以交叉进行。

4. 边角加速—滑步—后退—转身跑

运动员站在三秒区罚球线角，练习时快速跑至端线急停，然后立即沿端线做滑步至边线急停，沿边线后退跑至罚球线，最后转身弧线跑回起点。

5. 半场四角绕障碍变向跑

运动员在半场中的一个边长为 8 m 的正四边形内练习。运动员由起点快速至第 2 点急停转身 90° 加速跑至下一点，最后回到起点。完成后换方向重复上述练习。

6. 半场和全场多级折返跑

运动员从球场罚球线开始，全速跑至中场线，然后后退跑返回罚球线，接着全速跑至另一端罚球线，后退跑返回起点，再全速跑至另一端底线，后退跑全速跑返回起点。注意要跑直线。

7. 半场三角滑步—后退—转身跑

运动员在底线角上站立，听信号后立即起动沿底线滑步到另一端急停，转身后退跑到中线圈急停，然后再加速跑向起点。

8. 全场多级变向跑

运动员从球场端线场角三角标记开始，变向跑至罚球线三角标记，再变向跑至中线三角标记。这样连续进行 5 次变向，最后全速跑至另一端场角三角标记，然后全速返回起点重复练习。

三、灵活性训练方案的设计

篮球体能训练中，速度训练通常与灵活性训练结合起来进行。在安排速度训练计划时要结合篮球专项、结合安排灵活性训练。以下是篮球队在 20 周的基本期，把速度、灵活性及有氧训练结合起来安排计划的要点，供大家参考。需要注意的是，每一阶段训练的时间长度可以根据年度周期安排进行调整。

（一）基本期的前期（8 周）

训练课的主要目标是通过 3～4 组、每组 10 min 的练习来提高最大有氧能力和对乳酸、丙酮酸的利用能力，这种练习可以每周练两次，两次练习之间间隔两天（48 h）以上。

（二）基本期的后期（8 周）

每周 2～3 次速度、灵活性训练课，以亚极量强度进行，强调运动技术。代谢能力的训练为每周练两次，两次练习间隔两天（48 h）以上。主要目标是通过 2～3 min 全力运动，间歇 8～10 min 的练习提高耐乳酸能力。最大有氧能力训练每周练习两次，方法与赛前转换期相同。

(三)赛前转换期(4周)

每周2~3次速度、灵敏训练课。主要训练目标是通过助力措施和阻力措施,在全速情况下完成练习技术。最大有氧能力训练每周2次,方法与赛前期的前期相同。专项耐力训练每周3~4次,主要训练目标是挑战专项无氧能力和专项有氧能力的极限。在这种训练中,运动员要全力完成练习,保持练习强度。练习强度只要能保持,训练课就要继续,直到运动员不能维持要求的强度,训练课才结束。

(四)比赛期

除了专项实战训练外,每周各进行一次无氧训练和有氧训练,以保持有氧能力和无氧能力。

第七节 篮球运动员有氧耐力训练

一、有氧耐力训练生理机制

(一)有氧耐力训练的生理学反应

通过符合训练原则的训练,可以使影响有氧耐力水平的各个生理系统都产生相应的适应,但适应的水平与运动员的初始状态和遗传潜力有关。

有氧耐力水平受到机体供能能力的制约,机体通过有氧氧化代谢向肌肉供能的能力主要依赖于呼吸、循环和肌肉等系统之间的相互作用。通过合理的训练,这些系统都可以发生适应性变化,有利于有氧能力的提高。

(二)有氧耐力运动成绩的相关因素

在设计有氧耐力训练计划时,必须清楚影响有氧耐力运动成绩的相关因素,这样可以在制订有氧耐力计划时最大化减少不利的因素及避免疲劳、过度训练等情况的发生。

1. 最大的有氧能力

随着运动持续时间的延长,机体越来越多地依赖于有氧代谢功能。因此,运动员具备高水平的最大有氧能力是获得优异成绩所必需的。有许多研究都证实了最大有氧能力与有氧耐力项目运动成绩的显著相关性。

2. 乳酸阈

在最大有氧能力相近的运动员中,最好的运动员是那些在进行高强度有氧训练(有氧供能)的同时乳酸没有明显积累的运动员。乳酸阈是指乳酸水平达到一定浓度后,乳酸水平开始明显上升的运动速度或最大吸氧量的百分比。

3. 运动的经济性

在规定速度下运动的能量消耗值叫作运动的经济性。运动经济性较高的运动员在规定速度的运动中能量消耗值较低。许多研究者认为，运动经济性是跑步项目中取得优秀成绩的主要因素。

4. 能源利用方式

以高强度进行长时间运动需要大量的能量供应。以强度超过70%最大吸氧量水平运动时，供能的能源以碳水化合物为主。但优秀的耐力运动员在规定强度运动中的脂肪供能比例稍大，这种脂肪利用能力的提高是训练适应的一个方面，其有利之处在于节约肌糖原和肝糖原。

二、有氧耐力训练方案的设计

（一）一般训练原则

只有在有氧能力训练中充分运用训练原则，有氧耐力才会提高。虽然训练适应发生的机制尚不十分清楚，但有一点是清楚的，那就是要获得适应。人体的各个系统都要受到训练的刺激，那些在训练中没有涉及的生理系统或没有被足够刺激的生理系统是不能发生训练适应的。

（二）有氧耐力训练计划主要变量

一个有效的有氧耐力训练计划必须包括针对发展每名运动员个体能力的训练方式，这需要在设计计划时考虑四种因素。目前有一种非常不好的趋势，那就是模仿优秀的运动员的训练计划，不考虑运动员自身的优势、缺点，这样的训练计划的结果要么是效率不高，要么是损害运动员的运动能力。设计有效的有氧耐力训练计划要分析有氧耐力的各种相关因素，并根据分析的结果为每名运动员制订专门的训练计划。例如，要设法改善运动经济性不好的运动员运动的经济性，可以在间歇训练中更加注重技术，也可以为了保持正确技术而有意延长间歇时间。如果运动员的乳酸阈需要提高，可以考虑进行更高强度的训练。

运动速度可以用来控制训练强度，速度控制的参照系通常选择最近的比赛成绩。在室内或正规的田径场等可控制环境中采用这样的方法较为容易。但在公路和野外进行练习时，这种控制方法难以应用。坡度和风速都会影响到运动速度。

（三）有氧耐力训练计划的类型

有氧耐力训练计划有很多，每种计划都有不同的训练频率、练习持续时间及强度参数，每一种类型的计划都是对三种变量因素的有机重组。

1. 长时间、慢速度、长距离训练（LSD）

这种训练的强度大约相当于 70% 最大吸氧量值（80% 最大心率值），练习的距离应该较比赛距离更长，或者练习持续时间（运动时间）在 30～120 min。这种训练的强度和持续时间是典型的"谈话"训练，即在练习过程中可以谈话而没有跑得呼吸急促，这种训练的生理效应主要体现在心血管功能和体温调节功能的加强，线粒体供能能力和骨骼肌氧化能力的改善，以及脂肪利用的增加方面。

以上这些变化有助于乳酸的消除，提高了乳酸阈值的强度，而脂肪利用的增加有助于糖原的节省。这种训练的强度低于比赛，如果过多地进行此类训练可能引起不利效应。另外，由于这种练习的强度较低，不能募集比赛中需要动员的肌纤维，这样引起的肌肉适应与比赛不符。

2. 节奏训练

节奏训练采用比赛强度或略高于比赛强度，大约等于乳酸阈强度，因而又叫作乳酸阈训练，或叫作有氧-无氧间歇训练。有两种节奏训练的方式，一种为稳态训练，另一种为间歇训练。

稳态节奏训练是以乳酸阈强度进行持续 20～30 min 的运动，这种训练的特殊目的在于使运动员适应这种专门的强度，改善有氧-无氧供能能力。

间歇节奏训练也叫节奏间歇训练或乳酸阈训练。在这种训练中，强度为乳酸阈强度，但在一次训练中应该有多次间歇。在节奏训练中，要尽量避免运动员超过规定的强度，如果运动员觉得太轻松，宁可加长距离也不要增加强度，这种训练的基本目的是加强比赛的节奏感，提高机体在比赛时募集肌纤维的能力，能产生良好的肌肉适应。另外，这种练习还可以提高运动的经济性和乳酸阈值。

3. 间歇训练

间歇训练的练习强度接近 100% 最大吸氧量，练习持续时间为 3～5 min，间歇时间与运动时间相等，也是 3～5 min，保持运动与休息比为 1∶1。间歇训练可以使运动员以高速度（接近 100% 最大吸氧量水平）完成较大量的训练，如果以持续的运动形式是不可能完成间歇训练所要达到的强度和量的要求的。运动员应先有一定的有氧训练基础和体能基础，才能开展间歇训练。间歇训练对机体的刺激极大，不宜安排太密。间歇训练的主要生理学效应在于提高最大吸氧量和加强无氧代谢。

4. 重复训练

重复训练（REPS）的练习强度大于最大吸氧量，持续时间为 30～90 min，由于依赖无氧代谢，两组间需要更长的恢复时间，间歇时间 4～6 倍于运动时间，以使运动与休息之比为 1∶5。重复训练可以提高跑速、运动经济性及增强无氧代谢的耐受能力。此外，对有氧耐力跑的最后冲刺阶段也较为有利。

5. 法特莱克训练

法特莱克训练是前面几种练习的组合练习。虽然人们把法特莱克训练与跑步联系在一起，实际上这种训练法也可以用于自行车、游泳等项目。法特莱克训练实际上是将轻松跑（70%最大吸氧量）与短时间上坡跑或短时冲刺（85%~90%最大吸氧量）组合在自行车和游泳中，可将LSD训练、节奏训练、间歇训练等组合在一起，形成法特莱克训练。该训练方法对机体的所有系统都有刺激作用，而且有助于减少日常训练的乏味、单调。其主要训练效益在于提高最大吸氧量，提高乳酸阈，改善跑的经济性和能量供应模式。

以上5种训练方法会产生不同的生理学反应，一个完善的周、月、年训练计划应该有机地将所有训练方法结合起来。

（四）不同训练周期有氧训练计划设计

将训练计划的各种变量及有氧训练的各种方法合理地安排在各个训练周期中，就组成了全年训练计划。

1. 基本期

这个周期应优先发展呼吸循环系统的基本能力。在这个周期的开始阶段，强度要逐步提高，练习持续时间也要加长，但每周练习持续时间的增加量不要超过10%~15%，过多地延长练习持续时间会降低有氧耐力项目的成绩。随着运动员适应水平的提高，增加练习强度是不断提高耐力水平的关键。

2. 赛前转换期

赛前期训练的焦点是增加训练强度，保持或减少练习持续时间，并将各种训练方法组合到训练计划中，还要根据运动员的优势和不足来确定每种训练的量和频率安排。

3. 比赛期

比赛期的训练要将比赛考虑到训练日程安排中。比赛前的训练应以低强度、短时间为主，以便运动员最大限度地得到恢复。应该选择可以发挥运动员的优势、弥补不足的训练类型来开展训练。

4. 赛后调整期

赛后期的主要任务是使运动员在赛季积累的疲劳得以消除，体力得以恢复。这个时期的训练以短时间、低强度的练习为主，但总的活动量要足够，以保持心血管和呼吸系统的基本能力，保持体重。此外，运动员的伤病治疗、康复、薄弱肌群的训练也是重要任务。

全年有氧耐力训练计划应划分到各个周期，并且要有明确的训练目标和专门的训练方式，以使有氧能力逐步提高。

定期对训练计划进行评价，对于运动员获得比赛和训练的成功十分重要。应在每周、每月安排对运动量的评价，避免过高或太低。对运动强度也应定期做出评价，避免过度训练的发生，保持训练适应的产生。而对心血管系统的进步情况的评价则有助于分析训练计划是否得当。

（五）与有氧耐力训练相关的一些特殊问题

除了我们列出的在制订有氧耐力训练计划中需要考虑的因素之外，还有一些特殊的问题要考虑，如交叉训练、水中跑训练、去适应、性别差异等。体能教练员在针对不同个体制订有氧耐力训练计划时，要充分考虑以上这些问题。

1. 交叉训练

交叉训练用于伤后训练和恢复期训练，以保持基本体能状态。交叉训练所动用的关节和肌肉与训练中所动用的不同，可以减少肌肉和关节的劳累。篮球运动员也可以通过交叉训练来提高基本体能状态。交叉训练的主要作用可体现在呼吸系统、心血管系统和骨骼肌系统。但要想通过交叉训练保持原有的最大吸氧水平，交叉训练的强度和量也要与先前训练相同。

2. 水中跑训练

水中跑训练是在水中的跑步训练，通常需要利用浮板或救生衣使运动员保持头在水面上的姿势，这也被看成是交叉训练之一。有人观察到，通过6周的水中跑训练（取代原先的跑步训练）可以保持运动员的最大吸氧量水平。水中跑与陆上跑的肌肉运动方式和运动范围都很相似。只是下肢肌肉动员较少，上肢肌肉动员较多。虽然这种练习的功效有待进一步证实，但其已显示的功效给人们带来许多希望。

3. 去适应

由于训练中断、受伤和生病引起运动量、强度下降甚至停训，就会出现去适应。在停止了的训练刺激后，通过训练所获得的适应会逐步消失。众多研究证实，一旦停止训练刺激，通过训练获得的适应性会以很快的速度消失，直至训练前的水平。我们可以通过其他方式的训练来避免去适应，即只要是有可能，一定要以原先的运动方式来进行训练，即使降低一些强度和量都可以，这样才能最大限度地减小去适应效应。

4. 性别差异

曾经有人认为男女运动员的训练方法应该是不同的，但后来的研究发现，男女运动员训练反应是一致的，这样我们可以通过相同的方式来提高男女运动员的体能。我们所说的相同的方式并不是说男女运动员在训练频率、练习持续时间和训练强度上要一模一样，无论是男运动员还是女运动员，都是针对运动员的体能水平和发育水平来个体化地制订训练计划。

要提高有氧耐力能力，需要有设计周全的训练计划。训练计划要与定期的机能评定相结合。将不同训练方法有机地结合应用，能够使影响运动成绩的各个生理系统都得到超量负荷的刺激，获得有益的适应。过去，有氧耐力训练的主要方法是长时间、低强度运动方式。现在的研究结果显示，有氧耐力强度可以提高。应用乳酸阈或最大乳酸稳态的强度来训练，需要将各种训练方式有机地结合起来。训练计划要有长远性和计划性，这是水平提高的基础，但也要有灵活性，避免劳损或过度训练。虽然我们可以进行一些其他项目的训练，如交叉训练来避免训练的单调和乏味，但专项训练引起的适应最好，成绩提高最终要靠专项训练。

第六章 现代高校篮球技术教学训练

第一节 篮球技术概述

一、篮球技术定义

在长期的篮球技术教学、训练、比赛实践过程中，人们对篮球运动中技术概念的理解经历了由深入浅、由感性到理性、由片面到全面的认识过程。现在被大家普遍认同的是篮球技术是运动员为完成进攻与防守所采用的动作方法的总称，是篮球运动员竞技能力水平的重要决定因素。其包括移动、接球、传球、运球、投篮、抢球、打球、断球、抢篮板球等动作方法，以及由多个动作组合形成的动作体系。篮球运动的各种技术动作，都有着符合人体运动力学基本原理的标准技术及规范的技术要求，合理的、正确的篮球技术还要符合篮球竞赛规则的要求。但对每个运动个体来说，要依据运动员个人的生理学特点，选择和掌握具有个人特征的运动技术。

二、影响篮球技术提高的主要因素

篮球运动中技术发展是一个实践的过程，其受到多方面因素的影响和制约，比如运动员综合素质、竞赛规则的变化、攻守对抗的激烈程度、比赛与交流、市场经济效应以及理论水平的发展与现代科技等。

（一）运动员综合素质因素

运动员的综合因素发展直接推动着技术的变化和提高。比如，运动员身高的增长，身体素质、智力与心理品质、意志品质等综合素质的提高，都是篮球技术提高的基础。而良好的身体素质是运用技术的基础，身高是发展高空技巧的有利条件。身体素质与身高的结合，尤其是高大运动员与速度和灵活性的统一是现代篮球运动发展的必然趋势。历史资料显示，现代篮球运动员的身高、体重指标和速度、力量等各项素质与20世纪50年代相比有了巨大的变化，这些变化为技术的发展奠定了扎实的物质基础，从而使比赛场上的攻守速度、弹跳高度、对抗强度与初期的篮球比赛相比有了巨大的飞跃，高空接力扣篮、快攻扣篮、篮下对抗扣篮等一系列高难度技术动作应运而生。与此同时，人的主观因素的发展同样也为技术的发展开创了广阔的空间，运动员的知识水平、战术能力、心理品质等方面在几十年技术的发展演变过程中都获得了巨大的发展，人们对篮球运动规律认识的进一步深入都集中反映到了篮球比赛中。

（二）比赛规则的不断完善

篮球竞赛规则不断修改、完善，对篮球技术的发展起着促进作用。国际篮联正式统一了篮球竞赛规则之后，每4年要修改一次，主要目的是限制不合理技术的发展。比如，限定空间、篮下、提高技术难度；限定时间、减少停顿次数、提高比赛速度和观赏性，篮球比赛3秒、5秒、8秒、24秒等时间规定出现与变化，减少了队员的停顿次数，提高了比赛的速度，带动了攻守技术向快速方向发展，提高了观赏性，使比赛更加精彩；现代篮球比赛场中设置的24秒计时器、比赛时钟的毫秒精度和电子录像的配合使用，可以使比赛最后的结果分秒不差；对犯规次数的限定也提高了防守技术水平。

（三）攻守对抗的激烈程度

篮球比赛是进攻与防守的激烈对抗，攻、守对立统一规律决定两者的互相依存、互相制约和互相促进。为了更好地使篮球比赛对抗激烈、高潮迭起、快速多变，吸引更多观众欣赏和更多的身体接触与对抗，促使攻、守技术向更富有攻击性色彩的方向发展，增强人们的竞争意识和表现意识，人们在教学、训练、比赛实践中，更加注重组合技术动作的训练与强化，以提高在对抗条件下完成动作的能力。20世纪70年代以后，进攻和防守战术经过训练都达到了一个新水平，移动进攻要求个人进攻技术向全面、快速、对抗和高空作业技巧化方向发展；综合多变防守战术的广泛运用，促进个人防守更具攻击性和破坏性，防守水平有很大提高，各项篮球技术得到了发展与提高。

（四）训练方法手段的变革

训练方法手段的改进与提高，增加运动员掌握技术动作的数量、增强技术动作间的衔接和熟练程度，使原有的技术动作产生变异和变化。篮球运动是一项集体比赛项目，它所经历的教学、训练和比赛是在教师和教练员的指导下，在科研人员的辅助下科学地进行的，比如现代科技在篮球运动中的运用，如专业人员运用人体生理学理论与方法，运用计算机等先进设备对篮球技术进行分析、评价研究，对篮球技术的发展和提高也起到巨大的推动作用，同时伴随世界经济的发展和体育运动文化的广泛，不同篮球技术风格、特点、打法的出现，使教练员、运动员开阔了眼界，增进了了解。他们相互学习、相互借鉴，从而使人们在训练方法和指导思想方面获得了质的飞跃。

教师、教练员、科研人员以新的思想方法、理论为指导，从教学到训练，从改进到完善，从研究到创新，不断地提高训练的质量和效率，从而使篮球技术的发展不断取得新的推动力。

第二节　篮球进攻技术教学及训练

一、移动

移动是篮球技术中攻防技术运用的基础。移动技术是队员在比赛中为了改变速度、方向和高度所采用的各种脚步动作方法的总称。在篮球比赛中，各种攻防技术动作的完成与运用，都需要脚步动作的配合。所以，要求篮球运动员在比赛中积极快速地移动，合理运用各种脚步动作，占据有限的地面与空间，争取掌握攻防的主动。因此，在篮球技术教学与训练中，特别要重视移动技术的教学。

（一）移动技术教学步骤

1. 移动技术教学顺序

基本站立姿势、起动、跑、急停、转身、跳、滑步，其主要是遵循先易后难、先攻后守的顺序。

2. 移动技术的教学与练习步骤

应先在原地练习，让学生体会动作方法和难点，然后在慢跑中学习掌握正确的动作方法，在掌握各种移动技术之后，要结合一对一的攻守对抗练习，培养、提高学生运用移动技术的意识和能力。

（二）移动技术动作方法

1. 起动

起动是队员在球场上由静止状态变为运动状态的一种动作，是获得位移初速度的方法。突然、快速的起动既是进攻队员摆脱防守的有效方法，也是防守队员抢占有利位置、防住对手最有效的方法之一。

动作方法：从基本站立姿势开始，向前起动时，上体前倾，重心迅速前移，后脚前脚掌用力蹬地，结合手臂协调摆动，向前迈出第一步，起动后的前二、三步步幅要小而快。向侧起动跑时，异侧脚前脚掌内侧蹬地，同时上体迅速前倾或侧转向跑的方向移动重心，手臂协调地摆动，充分利用蹬地的反作用力，迅速向跑的方向跑进。

2. 跑

跑是为了完成攻守任务而争取时间的脚步动作，具有快速、突然、多变等特点。

比赛中常用的跑有以下几种形式：

（1）变速跑

变速跑是一种典型的利用节奏变化快速突破防守的移动步法，是队员跑动中利用速度的变换争取主动的一种方法。

动作方法：加速跑时，两脚要突然短促而有力地连续蹬地，同时上体稍向前倾，加快跑的频率；减速跑时，前脚掌用力抵地来减缓前冲力，同时上体直起，保证身体重心后移。

动作要领：掌握快慢节奏，速度变化明显。

（2）后退跑

后退跑是队员在球场上背对前进方向的一种跑动方法，是队员在由攻转守时，为了观察场上情况而采用的一种跑步方法。

动作方法：后退跑时，脚跟提起，两脚提踵，用前脚掌交替蹬地提膝向后跑动，此时上体放松直起，两臂屈肘相应摆动，保持身体平衡，两眼平视场上情况。

动作要领：脚跟提起，上体放松，前脚掌用力蹬地。

（3）变向跑

变向跑是队员在跑动中利用突然改变方向完成攻守任务的一种方法。变向跑常与变向后的快速跑结合运用，借以甩开防守，达到接球、抢位的进攻目的。

动作方法：在跑动中，向左变向时，右脚前脚掌落地（脚尖稍向左转），并且用前脚掌内侧用力蹬地，屈膝、腰部随之左转，上体向左前倾，快速移动重心，左脚向左前方跨出，然后加速前进。而向右变向时，动作则相反。

动作要领：前脚掌内侧用力蹬地，重心转移要快，右脚上步快。

（4）侧身跑

侧身跑是上体侧向跑动方向，脚尖对着跑进方向的一种跑动方法。队员向前跑动中为了观察球场上的情况，摆脱防守接侧向传来的球经常采用这一方法。

动作方法：在向前快速跑动中，头和上体向球或目标侧转，两脚尖要朝着移动方向，既要保持奔跑速度，又要完成攻守的动作。比如做切入时，面向球侧肩转体，用肩压住防守队员接球或护球，加速超越防守。

动作要领：上体前倾自然侧转，脚尖朝前，身体重心内倾。

3. 跳

所谓跳是在球场上争取高度及远度的一种动作方法。跳的方式一般有两种，分别是双脚跳和单脚跳。

（1）双脚起跳

动作方法：起跳时，两膝弯曲降低重心，上体前倾，然后两脚用力蹬地，伸膝、提腰，两臂迅速向前上摆，使身体向上腾起。上体在空中要自然伸展，收腰，下肢放松。落地时，用前脚掌先着地，并屈膝缓冲身体下落的重力，保持身体平衡，以便衔接下一个动作。双脚起跳多在原地运用，也可以在上步、并步、跳步和助跑情况下运用。

（2）单脚起跳

动作方法：起跳时，起跳腿微屈前送，脚跟先着地，并迅速屈膝过渡到前脚掌用力蹬地，同时提腰摆臂。另一腿快速屈膝上提，当身体达到最高点时，摆动腿自然伸直与起跳腿合并。落地时，双脚要稍分开，注意屈膝缓冲，以便衔接其他动作。单脚起跳一般用在助跑时。

4. 急停

急停是队员在跑动中突然制动速度的一种动作方法，也是各种脚步动作衔接和变化的过渡动作。急停的动作主要有两种，分别是跨步急停和跳步急停。

（1）跨步急停（两步急停）

动作方法：在快速跑动中，跨步急停时，第一步跨出要稍大，用脚外侧着地，屈膝，同时上体稍后仰，重心后移。然后再跨出第二步，脚着地时脚尖稍向内转，用前脚掌内侧蹬地，两膝弯曲，身体稍有侧转，微向前倾，重心移至两脚之间，两臂屈肘并自然张开，帮助控制身体平衡。

（2）跳步急停（一步急停）：队员在中慢跑时，用单脚或双脚起跳（一般离地面不高），上体稍微后倾，两脚同时落地，约与肩同宽，前脚掌用力抵地，屈膝降重心，重心落在两腿之间，两臂屈肘微张，以保持身体平衡。

5. 转身

转身是队员在一脚蹬地向前或向后跨步的同时，另一脚做中枢脚进行旋转而改变身体方向的一种动作方法。转身时，重心移向中枢脚，另一只脚的前脚掌蹬地，同时中枢脚以前脚掌专轴用力碾地，上体随着移动脚转动，以肩带腰向前或向后改变身体方向，转身后，重心要转移到两脚之间。

转身可以分为前转身和后转身。前转身是移动脚蹬地在中枢脚前方（身前）进行弧形移动；后转身是移动脚蹬地在中枢脚后方（身后）进行弧形移动。

6. 滑步

滑步是防守队员移动的主要动作方法。它易于保持身体平衡，可向任何方向移动。滑步可向侧、向前和向后进行滑动和做后撤步来阻截对方的移动。滑步可分为侧滑步、前滑步和后滑步三种。

（1）侧滑步

从基本站立姿势开始，两脚平行站立，两膝较深弯曲，上体微向前倾，两臂侧伸，身体不要上下起伏，重心保持在两脚之间，眼要注视对手。向左滑步时，右脚前脚掌内侧蹬地的同时，左脚向左侧跨出，左脚落地，右脚向左脚靠拢半步落地，腰胯用力，保持低重心的水平移动。向右滑步时，动作方法相同，移动方向相反。

（2）前滑步

动作方法：两脚前后站立，后脚的前脚掌内侧蹬地，前脚向前跨出一小步的同时，后脚前脚掌内侧用力蹬地向前滑动，并保持身体前后开立姿势。前脚同侧臂前上举，另一臂侧下张开。

（3）后滑步

后滑步的动作与前滑步相同，只是移动方向是相反的。

二、传接球

传接球是篮球运动中的重要技术之一，也是篮球比赛中运用最多的一项基本技术。传接球是指在篮球比赛中进攻队员之间有目的地支配球、转移球的方法。它是进攻队员在场上相互联系和组织进攻的纽带，也是实现战术配合的具体手段。因此传接球技术的好坏，直接影响着战术质量和比赛的胜负。

（一）传接球教学步骤

传接球技术的教学，首先通过讲解与示范的方法使学生初步掌握原地传接球的动作方法，然后逐步过渡到行进间传接球的教学；然后在掌握动作规范的基础上进行移动传接球的教学，再进行与其他技术相结合教学，最后再进行有防守情况下的练习，从而达到提高在实战中运用能力之目的。

（二）传球技术动作方法

1.传球技术的动作方法

（1）双手胸前传球

双手胸前传球是篮球比赛中一种最基本、最常用的传球方法，运用这种方法传出的球迅速有力、到位率高、方向准确，可在不同方向、不同距离中运用，而且便于和投篮、突破等动作结合运用。

动作方法：动作方法是两手手指自然分开，拇指相对成"八"字形，持球的两侧用指根以上部位持球，掌心空出，两肘自然弯曲于体侧，并将球置于胸腹之间的部位，身体成基本站立姿势。传球时，发力于脚趾，后脚前脚掌蹬地，身体重心前移的同时前臂迅速向传球方向伸出，拇指用力拨球，手腕前屈，食指和中指用力拨球将球传出。球出手后身体迅速调整成基本站立姿势。传球距离近，前臂前伸的幅度就相对较小。远距离的传球，则需加大蹬地、伸臂和腰腹的协调用力。传球距离越远，蹬地、伸臂的动作速度越快。

（2）单手肩上传球

单手肩上传球是单手传球中一种最基本的方法。这种传球力量大，出球方向多，速度快，常用于中、远距离传球，在发动长传快攻时运用较多。

动作方法：右手传球时，左脚向传球方向迈出半步，右手托球，同时将球引到右肩上方，肘部外展，上臂与地面近似平行，手腕后仰。左肩对着传球方向，重心落在右脚上，右脚蹬地，向左扭腰转肩，带动右前臂迅速向前挥摆，并扣腕拨球，通过食指、中指用力拨球将球传出，要有明显的屈腕鞭打动作。球出手后，右脚随着身体重心前移，保持基本站立姿势。

（3）单手体侧传球

单手体侧传球是一种近距离隐蔽传球的方法，主要用于近距离的外线队员向内线队员传球，与跨步、突破等假动作结合运用效果较好。

动作方法：两脚开立，双手持球于胸前。右手传球时，左脚向左侧前方跨步的同时将球引至身体右侧呈右手单手持球，出球前的一刹那，持球手的拇指在上，手心向前，手腕后屈。臂向前做弧线摆动，手腕前屈，用食、中指的力量将球拨出，出球部位在体侧。

2. 接球技术的动作方法

接球是篮球运动中的重要技术之一，是获得球的动作，是抢篮板球和断球的基础。其目的是获得球和控制球，是抢篮板球和抢断得球的基础。在激烈对抗的比赛中，同时也是衔接运球、投篮、传球等技术的关键，主要接球技术分为双手接球和单手接球两种。

（1）双手接球

双手接球是一种最基本的接球方法，也是在篮球比赛中运用最多的动作方法之一。接球时，两眼注视来球，两臂伸出迎球，手指自然分开，两拇指相对呈"八"字形，掌心斜向前呈半圆形，以掌外侧小拇指一侧斜对球，两臂伸出主动迎球，两眼注视来球，当手指触球时，两臂随球后引缓冲来球的力量，两手握球于胸腹之间。保持身体平衡，做好传球、投篮或突破的准备。

（2）单手接球

单手接球控制范围大，能接不同方向的来球，特别是接高空球和距身体较远的来球有较大优势。但是单手接球不如双手接球牢稳，因此，在一般情况下应尽量用双手接球。

如用右手接球，右脚向来球方向迈出，两眼注视来球。五指自然分开，掌腕微屈成勺形，接球臂向来球方向伸出。当球触手指时，手臂顺势随球下引并向内收，另一手迅速跟上护球，双手将球拉至胸腹之间，保持持球姿势。

三、运球

运球是指运动员用手连续拍按从地面反弹起来的球的动作过程。运球在一定程度上反映着运动员控制球和支配球的能力。娴熟的运球不仅是个人摆脱、突破防守的进攻手段，也是组织全队战术配合的桥梁，并且对发动快攻、突破紧逼防守都起着极大作用。

不过，运球的最终目的是争取时间和创造战机，因此，在训练和教学的过程中，教师在教给学生主球技术的同时，还应教给学生适时而恰当地选择运球时机。

（一）运球的教学步骤

运球技术的教学步骤一般应先教原地运球、行进间高与低运球、运球停急起、体前变向运球、背后运球、转身运球和胯下运球。

教师要向学生讲清运球的目的和作用，以及运用的时机、动作方法、动作要领和关键环节，指导其掌握正确的运球技术。

（二）运球基本动作

身体姿势。两膝保持相应的弯曲度，上体稍微前倾，抬头，注意观察场上的情况。上肢动作：以肩关节为轴，上臂带动前臂发力，肘关节自然放松，运球手五指自然分开，扩大控球面，用手指、指根以上部位及手掌的外缘接触球，掌心内凹，按拍球时手心空出。由拍球的部位由运球的方向和速度来决定。按拍球部位不同，球的落点就不同，球的入射角与反射角也不同。按拍球的力量大小，决定着球从地面反弹的高度与速度。按拍球时手应随球上下迎送，尽量延长吸附球的时间，这样有利于控制支配和保护球，便于改变运球动作和观察场上情况。

（三）运球技术动作方法

1. 高运球

通常在没有防守队员时运用。同时在行进中按拍球的速度较均匀，因此动作简单易学。

高运球的特点是球反弹较高，便于观察场上情况。运球时两腿微屈，上体稍前倾，目平视。以肘关节为轴，前臂自然屈伸，手腕和手指柔和而有力地按拍球的后上方，用指根及指腹部位触球，食指向前。球的落点控制在运球手同侧脚的外侧前方，使球的反弹高度在胸腹之间，手、脚协调配合。快速运球行进时，手触球的部位要向后移，用力要稍加大，球的落点离脚要远些。

2. 低运球

运球行进中遇防守队员时，减速弯腰屈腿，身体重心下降，屈腕并用手指和指根部位短促地按拍球的后上部，使球控制在膝关节高度，从防守人的一侧超越，继续前进。

3. 运球急停急起

运球急停急起是在对方防守较紧时，利用速度的变化摆脱对手。在快速运球中突然急停，使身体重心下降，手按拍球的前上方，使球停止向前运行，目视前方，两脚用力蹬地，上体迅速前倾起动，同时手按拍球的后侧上方，人、球同步快速前进。

4. 体前变向运球

体前变向运球是在快速运球推进中运用，当对手堵截运球前进的路线时，突然向左或右改变运球方向，从而摆脱对方防守。

动作方法：以右手运球为例，运球队员从防守队员左侧变向突破时，先向其右侧做变向运球假动作，当对手移动堵截运球时，突然用右手按拍球的右侧后上方，使球经自己体前向左侧前方反弹。同时左脚迅速随球向左侧前方跨步，上体同时向左扭转，身体重心要降低，侧肩贴近防守者，将球压低。当球反弹至腹部高度时，右脚蹬地迅速前迈，左手拍球的后侧上方，超越防守。

5. 运球转身

当防守队员采用紧逼防守，离运球队员距离较近时，可用运球转身来突破防守。

当对手逼近不能用体前变向运球突破，而且距离又较近时，迅速上左脚，微屈膝，重心移至左脚，并以左脚前脚掌专轴做后转身，右手将球拉至身体的后侧方，并按拍球落在身体的外侧方，然后换左手运球，加速超越防守。

6. 背后运球

当对手堵截运球一侧，距离较近，不便运用体前变向运球时，可采用背后运球，改变方向突破防守。

在跑动中背后向左变向时，右脚向侧前方跨出，右手拍球的前上方，将球按拉到身后。当球反弹至身后腰部高度时，右手直臂按拍球的右侧后上方，使球向左脚的侧前方落地，随即迈左脚，球反弹后换左手继续向前推拍球，加速超越防守。

四、投篮

所谓投篮是进攻队员将球投入对方球篮而采用的各种专门动作方法的总称。投篮是篮球比赛中唯一的得分手段，投篮得分的多少直接决定着比赛的胜负，而一切进攻技、战术运用的最终目的都是创造更多更好的投篮机会，是整个篮球技术体系的核心。因此掌握和运用好投篮技术，不断地提高投篮命中率，对于学习篮球运动技能具有十分重要的意义。

（一）投篮技术的教学步骤

投篮技术的教学，首先应先教原地投篮，接着教行进间单手肩上投篮、单手低手投篮，再教原地跳起投篮。

通过讲解、示范使学生建立完整正确的投篮技术概念，掌握正确、规范的投篮手法以形成技术动作定型。然后在掌握了基本手法和步法的基础上逐渐增加练习的次数、距离、难度、强度、密度等，并在攻守对抗条件下提高投篮的命中率。决定投篮命中率的因素很多，包括心理因素、持球方法、瞄篮点、协调用力、出手角度和出手速度、出手动作、抛物线、球的旋转、入篮角及外界因素影响等诸多环节，各环节又相互联系和相互影响。所以，投篮动作要做到身体各部分协调配合和各技术环节连贯正确。特别是良好的心理因素对提高投篮命中率起着至关重要的作用。

（二）投篮技术方法

1. 原地投篮

（1）原地单手肩上投篮

原地单手肩上投篮是行进间投篮和跳起投篮技术的基础，是比赛中最常用的投篮方法。它有出手点高、便于结合其他动作、不易被封盖等优点，因此在篮球比赛中被广泛使用。

动作方法：（以右手投篮为例）双手持球于胸前，肘关节自然下垂，两脚前后或左右开立，两膝微屈，重心落在两脚之间，屈肘，手腕后仰，掌心向上，五指自然分开，持球于右眼前上方，左手扶球侧，上体放松并稍后倾，目视瞄篮点。投篮时，下肢蹬地发力，上肢随着蹬地向前上方伸臂，两手腕同时外翻，手腕前屈，拇指用力拨球，使球通过食、中指端将球投出。球出手时身体随投篮出手方向伸展。

（2）原地双手胸前投篮

原地双手胸前投篮是篮球运动中较早的投篮方法之一，这种投篮方法方法跟其他技术结合，而且能充分发挥全身的力量，适用于中、远距离，一般女子运用这种投篮较多。

动作方法：两手持球于胸前，手指自然分开，拇指相对成"八"字形，用指根以上部位握球的两侧后下方，手心空出，两臂自然屈肘，肘关节下垂，两脚前后或左右开立，两膝微屈，重心落在两脚上，眼睛注视瞄准点。投篮时，下肢蹬地发力，两臂向前上方伸直，前臂内旋，拇指下压，手腕前屈，食、中指用力拨球，通过指端将球投出。球出手时身体随投篮出手方向自然伸展，脚跟微提起。

2. 行进间投篮

（1）行进间单手肩上投篮

行进间单手肩上（高手）投篮是比赛中广泛应用的一种投篮方法。一般多在快攻或突破篮下时运用，称为跑动中投篮。行进间单手肩上投篮的优点是出手点高，易用身体保护好球。

动作方法：以右手投篮为例。在快速运球或跑动中，右脚向前跨出一大步的同时接球，左脚迅速跟上跨出一小步，同时用全脚掌着地，迅速过渡到前脚掌起跳，右腿屈膝上抬，两手持球上举至肩上头侧，腾空后，右臂向前上方伸展，腕、指动作同原地单手投篮。投篮出手后，两脚同时落地，两腿弯曲，以缓冲落地的力量。

（2）行进间单手低手投篮

行进间单手低手投篮的投篮动作多在快速跑动中超越对手并接近篮下时运用，具有速度快、伸展距离远的特点。

动作方法：以右手投篮为例。右脚跨出一大步的同时接球，左脚接着跨出一小步并用力蹬地起跳，右腿屈膝上提，双手向前上方举球。当身体接近最高点时，左手离球，右手外旋，掌心向上，托球，并充分向球篮的上方伸直，接着屈腕，食指、中指用力拨球，通过指端将球投出。

3. 跳起投篮

跳起投篮，简称跳投。其具有突然性强、出球点高和不易防守的优点，可与传球、运球突破等动作结合，可在原地、行进间急停或背对球篮接球后转身等情况下运用。

动作方法：以右手投篮为例。两手持球于胸前，两脚左右或前后开立。两膝微屈，重心落在两脚之间。起跳时两膝适当弯曲，接着前脚掌蹬地发力，向上迅速摆臂举球并起跳，双手举球于肩上或头上，左手扶球左侧。当身体接近最高点时，左手离球，右臂向前上方伸展，手腕前屈，食、中指拨球，通过指端将球投出。

4. 扣篮

扣篮是直接将球由上向下灌入篮内的一种投篮方法，是投篮技术发展中的又一重要标志，它改变了投篮的一般规律。由于出手点接近球篮又高于球篮，又有最佳的入射角，所以无须考虑抛物线这一因素。在世界强队比赛中，扣篮得分所占的比例越来越大，扣篮方式随着实践发展而多样化，有原地扣、行进间扣、单手扣、双手扣、正手扣、反手扣、凌空接扣等。由于扣篮是直接将球由上向下灌入篮圈，因此有出手点高、球速快、攻击性强、难封盖、准确性高等特点，但也是难度较大的投篮方法，必须有很好的身体素质，特别是弹跳力和控制球能力，这里主要介绍两种方式：

行进间单脚起跳单手扣篮：以右手为例，行进间右脚跨出的同时接球，紧接左脚迈出一小步制动并用力蹬地向上跳起，上体充分伸展，高举手臂将球举至最高点，超过篮圈的高度并有适宜的入射角时，用屈腕的动作，将球自上而下扣入篮圈之中。球离手后特别要注意对身体的控制和落地屈膝缓冲。

行进间单脚起跳双手扣篮：双手持球，双脚用力蹬地向上跳起，同时将球上举，充分伸展身体，双手举球至最高点，当球举过篮圈高度时，双手屈腕，将球自上而下扣入篮圈。球离手后注意控制好身体平衡，落地屈膝缓冲。

5. 补篮

补篮是指投篮未中，球刚从篮圈或篮板弹出时，在空中运用单手或双手将球托入或拨入篮圈的投篮。补篮是一种无明显持球动作直接用力投篮的方式。补篮时，队员应根据腾空后，人、球、篮的相对位置、高度、角度及防守情况，灵活地选择补篮的方法。以下是两种基本补篮方法：

单手补篮：以右手为例，当球从篮圈或篮板反弹时，要准确地判断球的反弹方向，及时起跳，手臂向球的方向伸出，当跳至最高点、手臂接触球的一刹那，在空中用手指手腕的力量将球投入篮圈。

双手补篮：球反弹方向在头的正上方时多采用双手补篮。起跳后，双手触球后可用拨球的方式将球投向篮圈，其他动作与单手补篮基本相同。

五、抢篮板球

篮球比赛中双方队员在空间争抢投篮未中的球称为抢篮板球。其分为抢进攻篮板球和抢防守篮板球。当进攻队投篮未中，自己或本方队员争抢在空间的球，称为抢进攻篮板球或前场篮板球。对方投篮未中，防守队员争抢在空间的球，称为抢防守篮板球或后场篮板球。篮板球的争夺是攻守矛盾转化的关键，是增加进攻次数的有力保证，它对比赛的胜负起着至关重要的作用。

（一）抢篮板球技术教学步骤

抢篮板球技术的教学顺序是移动、抢占位置、判断起跳、抢球。

教学与训练中，首先要使学生明确抢篮板球的重要性，在进行抢篮板球技术训练中要注意培养学生勇猛顽强的战斗作风和积极拼抢的意识，养成每投必抢的习惯。然后可采用分解教学的方法，先练习原地起跳、抢球，再练习移动抢位、挡人、起跳抢篮板球的完整技术，并逐渐加大难度，最后在对抗的条件下练习或在比赛中进行抢篮板球练习。同时要在掌握投篮不中时球的反弹、落点规律的基础上，提高抢进攻篮板球时的冲抢意识和抢防守篮板球时的挡抢意识。

（二）抢篮板球技术动作方法

抢进攻篮板球是进攻队的一个重要进攻环节，是争取继续控球权的重要手段，也是争取获胜的主要途径之一，进攻队员抢篮板球时一般处于防守队员的外侧，需要移动和摆脱对手，因此，抢进攻篮板球时要突出一个"冲"字。

动作方法：篮下进攻队员抢篮板球时，当同伴投篮的时候，靠近球篮的进攻队员要及时判断球的反弹方向，然后先向相反方向的侧前方跨步，做身体虚晃的假动作，诱开身前的防守队员，利用绕跨步挤到对手的前面或侧前面，抢占有利位置，借助跨步或助跑起跳，至最高点补篮或抢篮板球。处于外线位置队员抢篮板球，当同伴投篮时，如进攻队员面向球篮，则首先要观察判断球的反弹方向、速度和落点，突然起动冲向球反弹方向进行补篮或抢获篮板球。以从防守人身后左侧冲抢为例，进攻队员面向球篮时，右脚向右侧跨步，向右侧做假动作，随后以左脚为支撑脚右脚向左跨出一小步，重心移至左脚，同时右脚立即向前跨步绕前，挤靠防守人，跳起抢篮板球或补篮。

总之，进攻队员抢篮板球要准确判断时间，绕步冲阻，及时起跳，补篮或组织第二次进攻。

六、持球突破

持球突破是持球队员运用脚步动作和运球技术快速超越对手的一项攻击性很强的技术。良好的突破技术能打乱对方的防守部署，创造更多的攻击机会，若能巧妙地与投篮、传球假动作有机地结合起来，能使进攻战术更加灵活、机动。因此，在持球突破技术的教学和训练过程中，教师不仅要教给学生规范的技术动作，而且要重视培养学生的突破意识和临场观察判断能力。

（一）持球突破技术教学步骤

在持球突破技术教学中，教学时应先教交叉步持球突破，再教同侧步持球突破，避免两种突破方法混淆。

在具体教学中，教师应首先通过形象的讲解、正确的示范，使学生建立正确的动作概念，不要在细节上花费过多精力，以免因过强或过弱的刺激引起泛化现象，应强调掌握动作的主要环节，以取得重点突破的效果。同时，教学步骤和方法应遵循由易到难、由简到繁的原则。先学单个技术动作，再学组合技术动作，最后在消极防守和积极防守中学会运用。

（二）持球突破技术动作方法

1. 交叉步持球突破

交叉步持球突破是在离防守队员较近时采用的方法，因为交叉步持球突破更容易护球，也可减少走步违例，所以初学者运用较多。

动作方法：以左脚为中枢脚为例，两脚左右开立与肩同宽，两膝微屈，重心控制在两腿之间，持球于胸腹之间。突破时，右脚前脚掌内侧迅速蹬地，将重心移至左脚，同时向左前方跨步，上体左转探肩，将球引于左侧，在左脚离地前，用左手推球于防守者的右侧，同时左脚全力蹬地，加速超越防守队员。若在突破中能有机地结合投篮、虚晃、传球等假动作，成功率更高。

2. 同侧步持球突破

同侧步持球突破，一般在离防守人较近，利用防守队员失去身体重心，尤其是向一侧失去重心过多时运用。

动作方法：以左脚为中枢脚为例，突破前，两脚左右开立稍大于肩，两膝微屈，重心控制在两腿之间，持球于胸腹前。突破时，左脚掌内侧蹬地，右脚迅速向防守人左侧方迈出，脚尖向前，上体稍右转，同时探肩，重心前移，在左脚离地前，用右手推拍球于迈出脚的侧前方，左脚迅速蹬地并向右前方跨出，加速运球超越对手。

第三节　篮球防守技术教学及训练

一、抢防守篮板球

防守队员抢篮板球要突出一个"挡"字，利用自己占据篮下或内侧位置挡抢篮板球。首先篮下队员抢篮板球时，当进攻队员投篮的时候。根据对手移动的情况和位置运用上步、撤步和转身等动作把进攻队员挡在身后，并抢占有利位置。因距离球篮较近，攻守距离也近，一般多采用后转身挡人。挡人抢位动作应是低重心，两肘外展，抢占空间面积，保持最有力的起跳姿势。挡人主要是为了延误对手抢位起跳，所以转身挡人动作完成后，应迅速起跳抢篮板球。也可以适时合理地运用直接冲抢篮板球的方法，获球后，最好能在空中将球传给同伴，完成发动快攻的第一传；如没有机会，落地后应侧对前场，观察情况，迅速传球发动快攻或运球突破摆脱防守后及时将球传给同伴，要充分发挥篮板球的攻击作用，不能只是消极地保护球。

二、防守有球队员

防守有球队员的主要任务是尽力干扰和破坏其投篮，堵截其运球突破，封锁其助攻传球，并积极地运用抢、打、断球的技术，从而达到控制球权的目的。

1.防守的位置与距离

防守有球队员时，防守人应站在对手与球篮之间，使对方、自己和球篮保持在一条直线上。一般来讲离篮远则离对手远些，离篮近则近些，同时还应根据对手的进攻技术特点以及防守战术的需要调整防守距离。

2.防守动作

由于场上的情况是千变万化的，防守时应根据持球队员的进攻特点、意图及球篮距离不同，防守有球队员的技术动作也有所不同。从脚步动作来讲通常防守有球队员有以下两种防守方法：

第一，平步防守。两脚平行站立，两手臂侧伸不停挥摆。这种站位防守面积大，攻击性强，便于向左、右移动，适合贴身防守运球突破。在对手运球停止时，封堵传球以及进行夹击防守配合时均可运用平步站位防守。

第二，斜步防守。两脚斜前站立，前脚的同侧手臂上伸，另一臂侧伸，两膝弯曲，降低重心。这种方法便于前后移动，对防投篮比较有利。不论采用什么防守方法，都要积极移动，当对方持球或运球突破时，应迅速后撤堵截其突破路线，迫使对手处于被动。当对手做各种假动作时，要能判断真假，不要被其迷惑而失去合理的防守位置。当对手投篮时，要准确地判断其起跳时间，及时起跳进行封盖。

三、防守无球队员

在篮球比赛中，防守队员绝大部分时间是防守无球队员。防守无球队员的主要任务是不让对手在有效攻击区内顺利接球，随时准备抢断传向自己对手或穿越自己防区的球，并快速地进行反击。

1. 防守位置

正确占据有利的防守位置，是防守成功的重要条件。选择防守位置要做到"球、人、区"兼顾原则，也就是说防守队员要根据对手、球篮和球的位置与距离，以及对手的身高、速度、进攻特点、战术需要和自身防守能力来选择防守的位置和距离。选位于对手与球篮之间偏向有球一侧的位置。

2. 防守姿势

正确的防守姿势能保证扩大控制面积和及时向不同方向移动。选择防守姿势与对手和球的距离远近有关。

强侧防守：防守距离球较近的对手时，经常采用面向对手侧向球的斜前站立姿势。靠近球侧的脚在前，屈膝，重心在两脚之间，便于随时启动，堵截对手摆脱防守后移动接球的路线。伸右侧手臂，拇指朝下，掌心向球，封锁传球路线，干扰对手接球。

弱侧防守姿势：防守距离球较远的对手时，为了便于人球兼顾和协防，经常采用面向球、侧向对手的站立姿势。两脚开立，两腿稍屈，两臂伸于体侧，掌心向着球的方向。密切观察球、人的动向，并随着球或人的移动而不断地通过滑步调整自己的防守位置。

3. 脚步动作

防守时，防守队员要根据球和人的移动，合理地运用脚步动作来保证及时占据有利的防守位置，争取主动。在与对手发生对抗时，重心下降，双脚用力扒地，两腿弯曲，扩大站位面积，上体保持适宜紧张度，在发生身体接触的瞬间提前发力，主动对抗。合理使用手臂动作干扰对手视线，以扩大防守空间，保持身体平衡，快速移动，抢占有利位置。

第七章　篮球基本战术及演练模式

第一节　进攻战术基础配合

一、进攻战术分类

进攻战术基础配合有传切（空切）、突分、掩护、策应等。

二、进攻战术配合方法

（一）传切配合

传切配合是指队员之间利用传球和切入技术所组成的简单配合。它包括一传一切配合和空切两种配合。传切配合是一种基本的简单易行的进攻方法，一般在对方采用扩大盯人防守战术或区域联防时运用。

1. 传切配合方法

（1）一传一切配合是指持球队员传球后，利用起动速度或假动作摆脱防守，向篮下切入接回传球投篮的配合。（2）空切配合是指无球队员掌握时机摆脱对手，切向防守空隙区域接球投篮或做其他进攻配合。

2. 传切配合的基本要求

（1）必须有一定的配合空间及合理的切入路线。（2）切入队员抓住防守队员选位不及时或注意力分散的空隙，快速起动，或利用假动作摆脱对手。（3）传球队员动作要隐蔽、及时准确。

（二）突分配合

突分配合是指持球队员突破对手后，遇到对方的补防或协防时，及时将球传给进攻时机最佳的同伴进行攻击的一种配合方法。当对方采用人盯人防守或区域联防时运用突分配合，可打乱对方的整体防守部署，压缩防区，给同伴创造最佳的外围投篮或篮下进攻机会。

（1）队员在突破中动作要快速、突然,在准备投篮的同时,注意观察攻守队员位置的变化,及时、准确地将球传给进攻机会更好的队友。(2)当持球队员突破后,其他的进攻队员都要摆脱对手,离开原先的位置,切向空隙区域,准确接球进攻或抢篮板球。

（三）掩护与挡拆配合

1. 掩护

掩护是进攻队员利用合理的技术动作,用自己的身体挡住同伴防守队员的移动路线,使防守同伴的队员被阻挡,同伴借此摆脱防守,从而创造一种有效的进攻配合。根据掩护者的不同位置和掩护方向,掩护可分为前掩护、侧掩护和后掩护。

2. 定位掩护

进攻队员可以借助站在原地的同伴的身体做掩护,以摆脱对手,积极进攻。

3. 挡拆配合

挡拆配合是掩护配合的延伸,掩护配合中过分强调了掩护队员的动作、位置、方向,而忽视了拆的重要性,很多进攻机会在拆开之后出现。

4. 掩护配合的基本要求

（1）掩护者应选择正确的掩护位置和动作,进行掩护的一刹那,掩护队员身体是静止的,并与对方队员保持适当的距离,两脚平行站立,两膝微屈,上身微向前倾,两臂屈肘放于体侧或交叉放于胸前,有利于攻守对抗。(2)被掩护队员应选择最佳的摆脱角度,以各种进攻动作吸引对方的注意力,隐蔽掩护意图。掩护时被掩护队员身体要靠近掩护者,以防对方挤过。当对方换防时掩护者应立即转身护送参与进攻。(3)掩护时同伴之间应掌握好配合时机,根据防守变化,组织中投、突破或内线进攻。

（四）策应配合

策应配合是指进攻队员背对或侧对球篮接球后,通过多种传球方式与外线队员的空切、绕切相结合,借以摆脱防守,创造各种里应外合进攻机会的配合方法。

策应配合根据策应的位置可分为内策应与外策应（也称低策应和高策应）。

1. 内策应

策应区域在限制区两侧的位置,一般是由内线队员或具有内线攻击能力的高大队员与前锋形成的配合。内策应是内线队员位于内策应区域抢占有利位置接球,与空切或外线同伴形成的配合方法。

2. 外策应

策应区域在罚球线外附近的范围,一般是由具有内线攻击能力的二中锋或高大前锋为策应队员与外围队员形成的配合。

外策应是中锋或高大前锋抢占罚球线附近区域,获得球后随时观察场上情况,及时将球传给最有利进攻的同伴，或把握自己的进攻时机，形成内、外、真、假的配合方法。

3. 策应配合的要点

（1）策应队员要突然起动摆脱对手

占据有利的策应位置，采用绕步抢前接球动作，接球时两脚开立，两膝弯曲，两肘外展，用身体保护球。准确判断场上的攻守变化情况，及时将球传给进攻位置最好的同伴或伺机进攻，传球后要转身跟进或抢篮板球。

（2）外线的队员传球后

利用起动速度、绕切的弧度或是假动作摆脱防守。接到策应队员的传球后迅速做出投篮、突破、传球的最佳选择。

（五）快攻配合

快攻是由防守转入进攻时以最快的速度、最短的时间，在人数上造成以多打少的优势；或者在人数相等及人数少于对方的情况下，趁对方立足未稳，果断地组织攻击的一种快速进攻战术。它的主要特点是：发动突然，推进速度快，对方往往来不及组织防守，所以快攻的命中率一般都比较高。快攻加快了比赛的节奏、得分率高，它使比赛变得更加精彩。此外，快攻成功还可以起到振奋士气、提高本队战斗力的作用。

快速是当代篮球运动的一个显著特点，快攻是快速的主要表现。据统计，篮球比赛中，许多球队快攻的次数占全队进攻次数的1/3左右，快攻得分占全场得分的1/3～1/4。快攻是比赛的锐利武器。

1. 发动快攻配合的时机

（1）抢到防守篮板球时发动快攻（这种机会最多）。（2）抢断球时发动快攻（这种情况成功率最高）。（3）掷界外球时发动快攻。（4）跳球获球后发动快攻。

2. 快攻配合的组织形式

（1）长传快攻

长传快攻是防守队员在后场获球后，立即通过一两次传球给迅速超越对手的同伴进行投篮的一种配合方法。

（2）短传快攻

短传快攻是防守队员获球后，立即以快速的短传推进和快速跑动进行投篮的一种配合方法。

（3）运球突破快攻

运球突破快攻是指由守转攻时，持球队员在不便于传球的情况下及时向前场快速运球突破，摆脱防守、创造机会的一种快攻战术形式。

3. 快攻配合形式的发展

快攻配合形式的发展在于增加快攻次数和提高快攻成功率。当前，快攻战术的发展方向是快速跟进、组织二次快攻和加强快攻及衔接阶段的进攻。

第二节 防守战术基础配合

一、"关门"配合

"关门"配合是指邻近的两名防守队员协同堵截进攻队员运球突破的一种防守配合方法。通常在区域联防和半场人盯人防守战术中运用。

1. "关门"配合的要点

（1）防突破的队员应及时向侧后方滑步卡位，堵住进攻队员的突破路线。（2）邻近突破一侧的防守队员，应快速向同伴移动靠拢进行"关门"配合，同时根据持球队员的停球和传球，决定围堵和回防。（3）"关门"配合时，防守队员两肩要靠紧，微屈膝，含胸，两臂自然上举或侧举，发生身体接触时要用暗劲，避免受伤。

2. "关门"配合的练习方法

夹击配合是指两个以上的防守队员，利用对手在场地边角运球或运球停止时，突然快速上前封堵和围夹持球者的一种防守配合方法。

它是一种主动性、攻击性很强的防守配合方法，能有效地控制持球队员的活动，迫使对手失误，创造断球反击的机会。通常在紧逼人盯人防守、区域紧逼防守或带有夹击式的扩大联防战术中运用夹击配合。

夹击配合的基本要求：

（1）当对手沿边线运球或在场角、中线附近和限制区内运球停止时，是夹击的最好时机。（2）夹击时两个防守队员的身体要靠紧，随对方的球摆动，封堵其传球。夹击两臂垂直上举，随对方的球摆动，封堵其传球。（3）夹击的目的不是从持球队员手中抢球，而是迫使持球队员传球失误，给同伴创造抢断球的机会，因此，应减少夹击时的犯规。（4）其他队员应积极配合夹击队员的行动，及时封堵近球队员，迫使持球队员传远、高球。

二、补防配合

补防配合是指当防守队员被对手突破或出现漏防时，邻近的同伴大胆地放弃自己的对手，及时快速地进行补漏防守的一种配合方法。

补防可以阻截对方一次直接的投篮和减少对方一次最有进攻威胁的机会。

补防配合的基本要求：（1）防守队员应全面观察和判断场上出现的漏防情况，补防时应果断、迅速地抢占有利位置，避免犯规。（2）被对手突破的防守队员应快速向补防队员方向移动，并观察对方的传球意图，争取抢断球。

三、挤过配合

挤过配合是指对方进行掩护时，防守队员在掩护队员接近自己的一刹那，迅速抢前横跨一步贴近自己的对手，并从两个进攻队员之间侧身挤过去，继续防守自己对手的配合方法。

当对方距离球篮较近，外围队员想利用掩护投篮或由于身高的差别而不宜交换防守的情况下，运用主动性很强的挤过配合，可以破坏对方的掩护配合。

挤过配合的基本要求：（1）不要过早暴露挤过配合意图，以防止对方反方向切入。（2）在两个进攻队员身体靠近以前，果断抢步贴近对手，快速侧身挤过。（3）防守掩护者的队员应站在能够兼顾防守两个进攻队员的位置上，及时提醒同伴注意对方的掩护意图，做好可能换防的准备。

四、穿过配合

穿过配合是指当对方进行掩护时，防守掩护者的队员及时提醒同伴，并主动后撤一步，让同伴及时从自己和掩护队员之间穿过去，继续防守自己对手的配合方法。

在对方掩护发生在弱侧区域、距离球篮较远、无投篮威胁、不宜换防的情况下，运用穿过配合可有效地破坏对方的掩护配合。

穿过配合的基本要求：（1）防掩护队员要及时提醒同伴，并主动后撤一步选好位置，留出让同伴穿过的通路。（2）当对方掩护时，防守被掩护的队员要撤步侧身，避开掩护队员使其及时穿过。

五、绕过配合

绕过配合是破坏对方掩护及时防守自己对手的一种配合，当进攻队员进行掩护时，防守掩护的队员主动贴近对手，让同伴从自己身旁绕过，继续防住各自的对手。

绕过配合要求防守者要及时提醒同伴，并贴近自己的对手，绕过队员要及时调整位置和距离，继续防住对手。

六、交换防守配合

交换防守配合是为了破坏进攻队员的掩护配合，防守队员之间彼此及时地相互呼应交换自己所防守的对手的一种方法。

要点：交换防守时，防守掩护者的队员要主动发出换人信号，双方准备换防，防守队员要到位交换、及时换防。运用交换防守时，应在适当时机换防，以免在个人防守力量对比上失利。运用交换防守配合时防掩护者要及时提醒同伴，两名防守队员要到位后再及时换防，以免失误。

七、围守中锋配合的方法

紧逼持球队员，切断内外联系，迫使其不能准确、及时地将球传给中锋。防守中锋的队员根据球的转移，积极移动阻截对手接球。

当对方中锋接球或转身向篮下运球进攻时，邻近中锋一侧的防守队员应迅速进行围夹，迫使中锋将球传到外围。

第三节　快攻

一、快攻的结构和类型

（一）快攻的结构

快攻的基本构架是由发动与接应阶段、推进阶段、结束三个阶段组成。

1. 发动与接应阶段

根据篮球比赛攻守相互转换规律，发动快攻是在跳球后获球、抢球、断球、抢得防守篮板球时和掷端线界外球等多种时机进行。跳球后发动快攻有两种情况：一是跳球给站在前场的队员直接攻击；二是跳球给其他队员，由其他队员传球或运球组织发动快攻。抢、断球快攻也是如此，如果抢到或断到球的队员处于前沿，则可直接进行攻击，如果处于全队的后阵，则通过传球或运球突破，转入快攻。抢防守篮板球和掷端线界外球快攻相对比较复杂，一般需要一传和接应，但也可以由抢篮板球队员直接突破运球向前推进。当防守抢得篮板球时，全队要迅速分散，控球的队员要根据场上情况，迅速、及时、准确地进行第一传。一般来说，先是长传快攻，再与接应队员配合，接应队员应迅速摆脱防守，及时选择有利位置接应一传准备推进。

快攻的接应分为固定接应和机动接应两种。固定接应又包括固定地区固定队员接应、固定地区不固定队员接应、固定队员不固定地区接应等形式。机动接应是防守队抢到篮板球后，根据对方的具体情况，将球传给最有利发动与接应组织快攻的同伴。这种接应不易被对方发现，机动灵活，更能争取时间。

2. 推进阶段

推进阶段是快攻战术中承前启后的衔接阶段，是指快攻发动与接应后，至快攻结束前中场配合的阶段。在推进过程中，全队队形要快速有层次地散开，5名队员要保持前后、左右的纵深队形，以便快速顺利地完成推进任务。

推进的形式有传球推进、运球推进、传球和运球结合推进等形式。

传球推进是队员间运用快速传球向前场推进。这种推进特点是速度快，行进间传球的技术要求高，推进过程中队员间要保持纵深队形。无球队员要积极摆脱防守，并随时准备接球，有球队员要判断准确。传球要及时，尽量斜传球，避免横传球。

运球推进是指接应队员接球后立即快速向前场运球突破。运球推进中要随时观察场上情况，及时将球传给快下的同伴，以免影响快攻的速度。

传球与运球结合推进是根据场上情况，及时快速向前场推进，机动性较大。在推进过程中能传不运，不能传要立即快速运球突破，以保持推进速度。

3. 结束阶段

结束阶段是快攻的最后攻击阶段，也是快攻成败的关键阶段。要求持球队员判断准确、传球或投篮及时果断，其他无球队员对防守的意图加以预测和判断，并及时选择进攻点，伺机接球投篮，积极冲抢篮板球或补篮。

（二）快攻的形式

（1）长传快攻。（2）短传结合运球推进快攻。（3）运球突破快攻。

二、快攻战术的特点

快攻是篮球进攻战术的重要组成部分，其特点如下：

（1）全队参加。每名队员都熟练地掌握快速的进攻技术，参加的人数多，接应点多，一传距离远，快下的速度快，二对一的能力强。（2）快攻结束时，常采用跳投及组织中远距离投篮和"一传一扣"的空中接球直接扣篮，行进间投篮已不再是唯一结束快攻的手段。（3）快攻受阻时，审时度势、不失时机地掌握和运用好攻击节奏，将快攻与衔接进攻和阵地进攻有机地结合起来，充分体现进攻的攻击性和连续性。

三、发动快攻的时机

（1）抢获后场篮板球后发动快攻。（2）抢、打、断球成功后发动快攻。（3）跳球发动快攻。

抢获后场篮板球发动快攻的机会最多，抢、打、断球发动快攻的成功率最高，跳球发动快攻的机会最少。因此，我们把抢获后场篮板球发动快攻作为教学与训练工作的重点，其次是抢、打、断球和罚球。

四、组织快攻战术的基本要求

（1）全队要有强烈的整体快速反击意识，不放过任何一次发动快攻的机会。（2）获球后队员要迅速有组织、有阵型、有层次地合理分散推进。（3）发动、接应、阵型分散快下和跟进的整体行动要始终保持纵深队形，扩大攻击范围，增加攻击点。（4）在整个快攻过程中，个人和整体行动都要避免延误时机，尽量缩短推进的时间。（5）快攻结束时，动作要果断、快速、隐蔽，不要降低速度，要果断投篮和抢进攻篮板球，减少限制区内的不必要传球。（6）树立勇猛顽强、敢打敢拼的作风。（7）在展开快攻反击的过程中，要善于把握和调整进攻的节奏，避免盲目性，同时要重视由攻转守的部署。

五、快攻的作用

快攻是篮球进攻系统一个重要战术，是最锐利的武器。打篮球与打仗一样，速度是最有效的。因此，在比赛中快攻这一速决的战术方法，是一定要争取的。一旦获得球权，首先要考虑的是打快攻。因为对方处在分散、孤立和没有准备的状态，容易超越对方，形成以多打少，取得上篮得分的机会，而且在很短的时间内形成得分的优势。

快攻成功对对方是一次沉重的打击。连连快攻反击成功，往往使对方陷入困难境地。快攻得分多也是一个队综合实力强的体现。因为有球权才可能发动快攻，快攻的球权来自后场篮板球、抢断球、跳球和掷端线界外球四个方面。据研究，快攻的70%来自抢后场篮板球，如果没有实力抢到后场篮板球，那么，发动快攻的机会就要少得多。如果能抢到后场篮板球、抢断球或跳球包括掷端线界外球，然后打成快攻，则充分体现了本队强大的综合实力。

六、快攻组织方法

（一）长传快攻

长传快攻是队员在后场获球后，用一次或两次传球把球传给快下的同伴进行攻击的一种方法。这种快攻只有发动和结束两个阶段，特点是时间短、速度快、战术组织简单。但要求快下队员意识强、速度快，发动队员传球要及时、准确、视野开阔。

（二）传球与运球结合的快攻

传球与运球结合的快攻可分为三个阶段展开。

1. 发动与接应阶段

发动与接应是非常重要的环节，特别是由守转攻后，队形分散和一传的速度是非常重要的。因此，控制球的队员要有发动快攻的意识，能够全面观察场上的情况，并迅速、及时、准确地进行第一传，接应队员迅速摆脱防守，及时选择有利位置，或罚球线附近，或两侧边线附近，或中场两侧边边线附近，或本队习惯的接应点等，接应后必须快速、合理地向前传球或运球推进。

快攻的接应分固定接应和机动接应两种。固定接应又包括固定区域固定队员的接应、固定区域不固定队员的接应、固定队员不固定区域的接应形式。机动接应是防守队抢到篮板球后，根据场上的具体情况，谁处于有利的接应位置就传球给谁。这种接应不易被对方发现，机动灵活，更能争取时间。

快攻的发动与接应形式分为抢篮板球的发动与接应、断球后快攻的发动与接应、跳球后和掷后场端线球的发动与接应。

（1）要有较强的快攻意识，获球的同时观察接应队员的位置，在空中把球传出，若空中不能传球，落地后应侧向进攻方向保护球，跨步摆脱防守，快速准确地做好一传。若传球受阻，应向限制区外运球突破，摆脱封堵后再进行一传。

（2）一传队员与接应队员配合要默契。通常情况下，以篮圈为标准，在左侧抢到篮板球，向左跨步进行一传，同时接应队员及时向左侧罚球线延长线方向移动，接应一传；右侧反之。接应队员切不可原地等球，完成一传和接应后，应迅速跟进。

2. 快攻的推进阶段

快攻的推进阶段是指快攻发动与接应后，至快攻结束前中场配合的阶段。在推进过程中，全队队形要迅速有层次地散开，5名队员应保持前后左右的纵深队形，以便快速顺利地完成推进任务。

推进的形式有传球推进、运球推进、传球与运球结合推进等形式。

传球与运球结合推进是根据场上情况，及时快速地向前场推进，机动性大，在推进过程中能传就不运，不能传要立即快速运球突破，以保持推进的速度。

3. 快攻结束阶段

快攻结束阶段是指快攻推进到前场最后完成攻击阶段的配合，此阶段是快攻成败的关键。快攻结束阶段要求进攻队员对防守的意图加以预测和判断，并及时、果断地选择进攻点，顺利完成进攻。进攻结束阶段要求持球队员判断准确，传球或投篮及时果断，无球队员要占据有利位置，伺机接球投篮，积极冲抢篮板球或补篮。

要点：突破迅速，传球准确，投点稳准，快速跟进。

（三）运球突破快攻

运球突破快攻是防守队员获球后，利用运球技术超越防守，自己投篮得分或传球给比自己投篮机会更好的同伴进行攻击的方法。运用这一方法要点是抓住战机，减少环节，加快进攻速度。主要是个人攻击或给跟进者投篮。

七、快攻战术教学与训练建议

（1）要把培养队员的快攻意识，将勇猛顽强、敢打敢拼的意志品质贯穿于教学和训练的全过程。（2）通过讲解、演示、观看比赛录像，让队员明确快攻的意义、组织形式和方法要求等，以加深对快攻战术的理解。（3）练习时应按照发动与接应、推进、结束的顺序进行练习，使各个阶段有机结合。前面的练习为后面的练习打好基础。结束阶段以二打一和三打二为主。先做非对抗练习，后做对抗练习。（4）把提高队员的体能与快攻战术相结合，提高队员在大强度情况下的技术运用能力。

第四节　防守快攻

一、防守快攻的特点

防守快攻作为阻止和破坏对方组织快攻的战术，其特点如下：

（1）全队要保持攻守平衡，进攻投篮后既要有人积极拼抢篮板球，又要有人迅速退守。（2）积极封堵和破坏一传接应，抢占对方的习惯接应点，并堵截接应队员，堵截、干扰、延误对方的推进速度。（3）要具有积极拼抢的意识，当对方形成快攻时，应快速退守。及时迅速地在以少防多的情况下大胆出击，赢得时间和力量上的平衡。（4）要随机变换防守战术，在失去球后，立即采取前场紧逼防守。退回后场，采用半场人盯人防守，使对方不适应，破坏其快攻。

二、防守快攻的策略

防守快攻一般采用以下几种防守策略：

（一）延缓策略

当本方进攻投中篮后，就近队员立即去干扰对方端线发球队员，另一人紧逼对方接应队员，其他队员根据战术需要快速分散退守，以延缓对方快攻发动的可能性和推进速度。

（二）封堵策略

本方进攻投篮不中被对方抢到篮板球时，就近的防守队员立即封抢持球人，封其传、运球，并伺机抢断球。同时其他队员在快速分散防守中，有目的地紧逼对方接应队员，并控制可能的接应点和接应移动路线。

本方在阵地进攻中传、运失误被对方抢断时，就近的队员立即采用快速防守封堵持球队员，其他队员立即用最快速度抢占防守有利位置，以便补防和观察其他进攻队员的行动。

（三）防快攻结束时的防守位置

防快攻结束时，一防二时要占据有利于兼顾的防守位置，有策略地干扰对方进攻。要能够做到分工明确，对有球队员要严加控制，不让其轻易切入篮下，对无球队员则协同防守，保持合理的"人球兼顾"位置。

三、防守快攻的基本原则

现代篮球运动不断向着高速度方向发展，攻守转化速度快，快攻得分所占比重增大。因此，防守快攻已成为防守战术的重要组成部分。近年来，防守快攻战术体系日渐丰富，比较一致的观点是贯彻积极防御的指导思想，敢打敢拼，在比赛中尽量减少对方发动快攻的条件。防守快攻的基本原则如下：第一，减少自己的失误，提高进攻的成功率；第二，要积极拼抢前场篮板球；第三，积极组织封堵和退后防守；第四，提高攻守转换的意识和速度，特别要强调"积极追防"意识。

四、防守快攻的方法

（一）提高投篮命中率，拼抢前场篮板球

现代篮球比赛中，由守转攻通过抢后场篮板球后发动快攻的概率最大。进攻队员提高投篮命中率有效减少抢篮板球次数。同时运用抢占有利位置，挤、堵、顶人的方法，减少对手参加抢篮板球的人数，积极拼抢、冲抢前场篮板球增加二次进攻的机会是制约对方发动进攻的有效方法。

（二）积极封堵第一传

快速转换防守时积极封堵和堵截第一传与接应是防守快攻的关键环节。在对手获得篮板球或抢断球的瞬间，就近防守的队员立即迎前封堵一传，干扰传球视野、角度，延误一传速度。一旦对手采用运球突破方法推进时，应用紧逼的方法堵中放边，为同伴协防、夹击创造有利条件，给本队退守和组织全队防守争取时间。

（三）堵截接应点和接应人

当对方采用固定接应时，应抢占对方的接应点，截断接应队员与第一传的联系，有效地控制固定接应人插上接应的意图与行动，让其在较低的位置接应，同时密切注意对方的第二接应人和接应点，从而破坏和延误对方快攻的发动和推进速度。

（四）控制对手的推进

当对方发动快攻后，前线防守队员不能消极后撤，而应与对手保持一定的距离，边撤边防，控制对手推进速度，以便及时组织防守阵势。

（五）防守快下队员

由攻转守时，除积极拼抢篮板球，封堵第一传和接应外，在后场的防守队员要迅速退守控制后场，在退守过程中要控制好中路，要对快下队员严加防范，切断对方长传快攻的路线。

（六）提高队员以少防多的能力

当对方成功发动快攻，出现以少防多的不利局面时，防守队员要积极移动选位，重点保护篮下，运用假动作干扰其传球，制造使进攻队员左右为难的局面，迫使对方失误或减慢进攻速度，为同伴争取退守时间。

1. 一防二

当防守出现一防二的局面时，防守队员要保持沉着冷静，注意占据有利于人球兼顾的防守位置，积极移动争取退守时间。在防守过程中要注意观察对方的意图和行动，看准时机迅速、果断地抢断、封盖、干扰对方投篮，并积极抢篮板球。

2. 二防三

两名防守队员积极移动，紧密配合，内外兼顾，左右照应。两名防守队员中一名队员侧重对付有球的队员，另一名队员注意选择合理位置，做到既能控制篮下，又能同时兼顾两名无球队员的行动，看准时机，果断进行抢、断球，争取转守为攻。

练习要求无论进攻成功与否，都要立即转入防守，同时，由守转攻也要快，要不断提高攻守转换的意识和能力。

六、防守快攻的基本要求

（1）要有较好的防守快攻意识，积极阻止对方发动快攻，提高进攻成功率，减少失误，拼抢前场篮板球，不给对方机会。（2）合理地运用封、堵、夹、抢、断等手段，努力阻挠和破坏对方的快攻。（3）快速退守过程中相互照应，延缓对方的推进速度。（4）在以少防多的情况下要沉着、冷静，不要轻易出击防守，重点保护篮下，伺机抢断，降低对方快攻的成功率。

七、防守快攻的教学与训练建议

（1）防守快攻要与快攻教学结合进行，一般在快攻教学完成之后，再教防守快攻，以提高攻守质量。（2）防守快攻教学应先采用分解法，然后再进行整体防守战术的教学。（3）通过教学比赛，不断提高防守快攻的质量。（4）把培养队员防守快攻的意识、坚韧不拔的意志和积极拼抢的作风贯穿于整个教学之中。（5）在初学阶段，首先把防守快攻的方法、基本要求讲清楚，使队员对防守快攻有初步的了解，能够合理地使用防守技术。教学中应将一守二攻、二守三攻作为练习的重点。在整个教学训练的过程中，应始终注意加强拼抢篮板球、防运球突破、补防、以少防多等防守技术和配合的训练，提高防守快攻的质量。（6）采用五人防快攻训练，要提高集体防守的攻击性和控制对方速度的能力，应重视攻守转换速度的意识训练。

第五节 半场人盯人防守

一、半场人盯人防守的特点

半场人盯人防守战术是人盯人防守运用最多的战术之一，其特点如下：

（1）由攻转守时，每个队员都要迅速退回后场，找到对手，组成集体防守。（2）根据对手、球、球篮选择有利位置，有球紧，无球松；近球紧，远球松；近篮紧，远篮松；积极移动，控制对手。（3）做到球、人、区兼顾，与同伴协防，破坏对方进攻配合，加强防守的集体性。

二、半场人盯人防守的基本要求

（1）防守时始终贯彻以人为主的防守原则，对持球队员必须采用平步贴身紧逼防守姿势。扩大防守面积，积极拼抢，不给对方轻易投篮、突破和传球的机会，一旦被对手突破，必须追防。（2）对徒手队员要错位防守，做到人、球、区兼顾，敢于对抗堵截其向球移动和空切篮下的路线。（3）由于防区扩大、比赛的强度增加，要求队员有充沛的体力和良好的意志品质。比赛中要正确观察、判断场上的攻守情况，在防守选位时，要做到"人动我动，球动我动"，在严密控制对手的基础上随时准备协防、补防、夹击、断球及防掩护等，充分体现防守的主动性和攻击性。（4）防守分工时，通常以跳球时的站位分工，也可按照强对强、弱对弱、高对高、矮对矮的方法分工，但都要强调防守的整体性。

三、半场人盯人防守的方法

（一）半场缩小人盯人防守

1. 半场缩小人盯人防守的作用及运用时机

半场缩小人盯人防守是以加强内线防守、保护篮下为主要目的防守战术。这种防守战术多用于对方篮下攻击力较强、外围攻击力较弱的球队。它的防区较小，有利于协防、控制内线进攻、抢篮板球和组织快攻反击。

2. 半场缩小人盯人防守方法

（1）强侧、弱侧的防守方法

以球场纵轴线为标准，有球一侧为强侧，无球一侧为弱侧。强侧的防守，对持球队员要紧逼防，限制其投篮、突破、传球。对于近球者，采用积极的错位防守，不让其接球。弱侧的防守要回撤篮下保护、协防，同时注意抢断高吊球，及时堵截对方的背插和溜底线。

（2）防掩护进攻的配合方法

当对方进行掩护进攻时，运用挤过防守，尽量不要换防，尤其是中锋与外围队员之间的掩护更是如此。防止出现大防小、小防大的局面。如果外围无球队员在弱侧区域进行掩护时可采用交换和穿过配合。

（3）防守中锋进攻的配合方法

防守中锋进攻的关键是阻止中锋接球。一旦中锋接到球，应及时围、夹迫使中锋将球传到外围。

（4）防移动进攻的配合方法

移动进攻的特点是在球不断转移的过程中，无球队员利用连续掩护和个人技术摆脱防守，连续切入篮下接球进攻。因此，防守时要做到积极移动，选位及时、准确，控制进攻的传球速度，堵截进攻队员的移动路线，延缓其进攻速度，为防守选位争取时间。当进攻队员掩护时，采用挤过、穿过、交换等方法破坏对方的进攻配合。

（二）半场扩大人盯人防守

1. 半场扩大人盯人防守的作用及运用时机

当对方外围投篮准确而突破能力及全队的整体进攻配合质量较差时，采用半场扩大人盯人防守战术可有效地遏制对方的习惯打法。这种防守战术有时也用于加强外线防守，切断内外联系，使中锋没有获球机会，从而达到"制外防内"的防守效果。因此，这是一种防守目的明确，主动性、攻击性很强的防守方法。但由于扩大了防区，队员的体能消耗很大，不利协防，容易出现漏人现象。

2. 半场扩大人盯人防守方法

由攻转守时，防守队员应首先控制对方的反击速度，迅速退回后场，当持球队员进入前场时，防守队员应立即紧逼防守，减缓其进攻速度，阻止其运球突破，以防止对手接球或切入。

由攻转守时不能单纯消极地由前场向后场退守，要在退守中积极防御，争取时间，保证半场人盯人防守的主动；半场人盯人防守过程中，要在个人防好自己对手的基础上，充分运用防守基础配合，加强防守的整体性，并随着进攻配合的变化，及时加以阻挠、破坏，争取抢断球，造成对方的失误或违例，为转守为攻创造有利条件。

要求：有球紧，无球稍松，离球近时紧，离球远时松；对控制球能力强的紧，能力差的松；投篮准的紧，不准的松。破坏进攻的整体配合，随时抢断。

四、半场人盯人防守战术的练习方法

（一）提高脚步动作的灵活性和个人防守技术

从各种脚步动作练习开始，过渡到半场或全场的一对一攻守对抗练习。在对抗中重点提高脚步动作的灵活性和个人防守技术。

（二）进一步提高基础配合质量

反复进行半场二打二、三打三训练，提高防守队员之间的基础配合质量，为提高全队整体防守水平打好基础。

（三）全队防守时的选位练习

1. 在球动人不动条件下的选位练习

进攻队员基本不动，利用球不断转移，让防守队员按照防守持球队员与徒手队员的原则进行选位，练习数次后，防守队员按顺时针方向换位四次，然后攻守交换。依次进行练习。

2. 在人动球不动条件下的选位练习

球依次固定在每名队员手中，让其他四名队员练习如何防掩护、纵切、横切、溜底线等。

3. 在人动球动的条件下练习

只许进攻队员传球、运球突破、掩护、突分和策应等基础配合，不允许投篮。防守队员严格按照选位原则进行防守，控制对方的进攻配合。如果抢断成功，双方攻守转换。

（四）半场五对五攻守对抗练习

进攻投篮命中后从中圈发球继续进攻，进攻队员抢到前场篮板球，可以补篮或二次进攻。防守队员抢到后场篮板球或推断成功，应从中圈开始发球进攻。

五、半场人盯人防守战术的教学与训练建议

（1）掌握与提高半场人盯人防守配合方法，首先应从个人脚步动作、防守技术运用及防守战术基础配合抓起，在此基础上学习半场盯人防守战术配合，在半场或全场的对抗练习中掌握和提高全队防守战术配合的能力和意识，在教学比赛中提高队员的实战对抗能力。（2）加强队员身体素质的训练，提高体能，以确保战术教学与训练任务的完成。（3）要重视在教学训练的一定时间内，安排针对性的实战练习和实战比赛，培养战术行动意识，巩固与逐步提高应变能力。

第六节 进攻半场人盯人防守

一、进攻半场人盯人防守的特点

（1）要根据本队队员的身体条件、技术水平选择进攻战术配合和适宜的战术队形，以便扬长避短，发挥本队的优势。（2）由防守转入进攻时，在前场要迅速落位，形成战术队形，立即发动进攻。（3）在组织战术中，应该注意各种进攻基础配合之间的衔接和变化，既要明确每个进攻机会，又要明确全队的进攻重点，还要保持进攻的战术连续性。组织进攻战术时，应该尽量做到内外结合、左右结合；要扩大进攻面，增多进攻点，增强战术的灵活性。（4）在进攻配合中，既要积极地穿插移动，又要注意保持攻守平衡。在进攻结束时，既要有组织地抢前场篮板球，又要有组织地退守。

二、进攻半场人盯人防守的基本要求

现代篮球进攻半场人盯人战术的基本特点是频繁移动、综合进攻、机动性大、连续性强和实效性高。必须全面提高队员的身体、技术和战术素养，增强单兵作战能力，尤其是要在摆脱空切、运球突破、急停跳投和拼抢篮板球能力的基础上，形成具有高度灵活性、应变性和实效性的整体战术。进攻半场人盯人防守基本要求：进入半场后，应迅速地落位，组织相应的进攻阵型；要切合实际地运用基础配合及其变化来创造攻击机会；组织进攻配合中要正面与侧面、内线与外线、主攻与辅攻相结合，尽力扩大攻击面，增多攻击点；注意配合与配合之间的衔接，加强进攻的攻击性与连续性；在组织进攻中，要根据防守的实际，攻其薄弱环节，做到快慢结合、动静结合、人球皆动，加强进攻中的针对性和灵活性；组织拼抢篮板球，力争二次进攻机会；注意攻守平衡，

保证攻守转换的速度。

三、进攻半场人盯人防守战术配合的方法

（一）选用合理的落位阵型

根据队员的身体条件、技术特点和战术素养来选择能够充分发挥本队特点的进攻阵型。最常见的进攻落位阵型有单中锋进攻的"2-3"阵型和"2-1-2"阵型、双中锋进攻的"1-2-2"阵型、无固定中锋的"1-2-2"阵型、中锋位于高策应区的"1-4"阵型、双中锋纵向站位的"1-3-1"阵型等。

（二）通过中锋进攻法

通过中锋进攻法是先把球传给中锋队员，然后通过中锋组织战术配合的方法。

通过中锋进攻法分单中锋进攻法和双中锋进攻法。

1. 单中锋进攻法

单中锋落位，有"2-3""2-2-1"和"2-1-2"队形，单中锋落位可落在内中锋位置或外中锋位置。

单中锋进攻法的特点。单中锋进攻时，一般是进攻队比较灵活，速度快，善于打空切和突破。

2. 双中锋进攻法

双中锋进攻法有"1-3-1""1-2-2"和"1-4"落位队形。双中锋落位一般是一内一外，或落在两个内中锋位置上。

双中锋进攻法的特点。本队中锋力量较强，如果有一个中锋落外中锋位置时，说明该队员策应能力较强，本队善于打策应配合或两个中锋之间的配合。

（三）外线8字运球掩护进攻法

外线8字运球掩护进攻法一般运用在对方半场扩大人盯人防守时，其目的有二：一是压缩防区；二是抓住时机突破上篮或将球传给空切到篮下的同伴上篮。

（四）底线8字掩护进攻法

底线8字掩护进攻法一般用在底线攻击能力比较强的队。底线落位三名队员。这3名队员可以是两个前锋、1名内中锋、也可以是1名前锋、2名内中锋。3名队员在底线穿插掩护，其移动轨迹是8字形，故称底线8字掩护进攻法。

（五）综合进攻法

综合进攻法可运用在缩小防守或扩大防守时，根据对方的防守特点和具体情况，运用时机动灵活。综合进攻法是比赛中运用最多的方法。

（六）移动进攻法

1. 移动进攻法的特点

移动进攻是在固定战术套路打法的基础上产生的。固定战术路线和固定队员位置的打法容易被防守制约，已不适应当代篮球运动的发展，故产生了移动进攻。

美国著名教练员博比·奈特对移动进攻有详细的论述，其要点如下：

（1）移动进攻的基础是5名队员连续移动，从而使队员经常处于不同的位置。它要求进攻者根据防守情况和本身所处的位置选择合理的进攻方式。（2）教练员对场上移动控制得越多，就越接近以前的风格。因为移动没有事先预定的计划，所以就很难被对方识破。其最大的优点是任何时候队员都处于进攻状态，各自发挥自己的作用。（3）过去的固定进攻法，通常是2名队员最多3名队员之间的配合，这就给无球侧的防守队员提供了帮助，当配合没有取得投篮机会时，就必须重新组织进攻，也就给防守队带来了重新组织防守的机会。（4）没有比移动，特别是带有掩护的移动，能够给防守队制造更多的漏洞了。

从博比·奈特的论述中可以看出，移动进攻法是没有固定的配合路线、没有固定的进攻位置、5名队员按一定的原则不停顿地连续传球、空切、掩护、策应等协调行动的一种进攻方法。

2. 移动进攻法的进攻原则

移动进攻法是按一定的原则进攻的，其原则由各队根据本队的特点和对手的特点，制定出本队的进攻原则。但无论各队如何定自己的原则，总的要求如下：

（1）多传球、少运球，尽量少停球；（2）传球后立即空切或去给同伴掩护，不准原地站立不动。

四、进攻半场人盯人防守战术教学训练建议

（一）教学建议

（1）学习时，教练员应先向队员讲解进攻半场人盯人的落位队形、战术原则配合方法、主要的攻击点、运用时机和变化规律，建立战术概念，掌握战术方法。（2）战术教学时先进行无防守的局部配合练习，进行全队整体配合练习，掌握配合时机和提高个人技术的运用能力，然后掌握全队进攻半场人盯人的战术配合方法。（3）从消极防守到积极防守的攻守对抗练习，提高战术配合质量和战术的应变能力。（4）在实战中检验队员战术配合的质量和技术运用的效果，通过分析讨论，总结出现的问题，提高队员的战术意识和战术思维能力，以及战术的运用和应变能力。

（二）训练方法

（1）在无防守或消极防守的情况下进行战术分解练习。掌握配合方法，并将两个或两个以上的配合组合进行练习。（2）在无防守或消极防守的情况下进行全队战术分解练习，加深对整套战术的落位队形、移动路线、传球路性、配合时间、攻击点及其变化的理解，练习随熟练程度可逐步增加防守的积极程度，加大进攻的难度。（3）在半场积极防守的情况下练习。对进攻队和防守队提出具体要求，可附加特殊规定，提高配合质量。（4）结合全场攻守转换进行半场攻守练习。以半场练习为主，要求进攻队进入前场后迅速落位布阵，展开进攻配合，抢到前场篮板球继续进攻，没抢到前场篮板球后退防守。防守队抢到后场篮板球后或抢断后，立即发动快攻，至前场后布阵，再展开进攻配合，提高攻守转换速度与半场进攻配合的质量。（5）通过全场比赛（教学比赛或正式比赛）提高或检查全队进攻战术的运用质量。在比赛过程中要及时对队员进行指导，不断增强全队的战术意识。比赛也可根据训练任务制定特殊规定与要求，以强化某点环节，从而提高全队战术配合质量。

第七节　区域联防

一、区域联防的特点

（一）优点

（1）每个人分工负责一定的防区；（2）对有球区和篮下防守严密；（3）随着球的转移和进攻队员的穿插移动，不断地调整防守位置；（4）由于分工明确，防守位置比较固定，有利于组织抢后场篮板球和发动快攻。

（二）缺点

（1）由于受区域分工的限制，各种形式的联防都存在薄弱地区；（2）容易被对方在局部区域内形成以多打少的局面。

二、区域联防的基本要求

（1）应根据进攻队的特点，确定采用针对性的联防队形。如进攻队是2～3落位，那么联防最好也采用2～3队形的阵型。（2）根据队形和队员的身高、技术特长，合理地分配队员的防区。一般情况下，把速度快、反应快、反击快的队员放在外线防守，把高大队员放在篮下或底线一带防守，把善于补防、协防的队员放在腹地和中间一带防守。(3)在分工的基础上,要求5名队员必须协同一致。首先加强有球区的防守,无球区协防,贯彻"以球为主,人、球、区兼顾"的防守原则。(4)对不持球队员,近球区要积极抢占有利位置,不让对手轻易地接到球。远球区要加强对背插、溜底线的防守,并注意协防篮下。(5)在本区内防守有球队员时,按人盯人防守的要求,即防投篮、防传球、防运球突破。(6)进攻者采用穿插移动时,应注意堵截其移动路线并跟防,与临区的防守队员交接,交接时要相互呼应。有时为了破坏对方的进攻,可先跟防到底。(7)当对方投篮时,要先挡人,然后积极拼抢篮板球。

三、区域联防的原则

(1)根据双方队员的身高和技术特长,合理地采用区域联防的队形,分配队员的防守区域,把快速灵活、善于抢断球、反击快的队员分配在外线防守区域,把身材高大、补防意识强、善于抢篮板球的队员分配在内线防守区域。(2)在分工负责防守区域的基础上,5个队员必须协同一致,积极随球移动,加强对有球一侧的防守,兼顾远球侧,以防球为主,人球兼顾。根据情况,队员可以换区、越位防守。(3)防守持球队员,按照人盯人防守的要求,积极地防守对手的投篮、传球和运球,严防从底线运球突破。(4)防守无球队员,应在严防其进入罚球区或篮下有威胁的区域内接球。同时,还要协助同伴进行"关门"、夹击、补位等防守配合,对离球远的进攻队员要防守其背插、溜底线,还要协助防守篮下有直接威胁的进攻队员。(5)当进攻队员采用频繁穿插移动,改变进攻队形时,应针对进攻队形,改变防守队形。

四、区域联防的站位阵型

区域联防站位阵型有"2-1-2"阵型,"2-3"阵型,"3-2"阵型,"1-3-1"阵型等,其中"2-1-2"是基本的站位阵型。图中的阴影区为联防共管区也是联防薄弱区。

五、区域联防的形式及其特点

(一)区域联防的形式

区域联防的形式有"2+2"、"2-3"、"3-2"、"1-3-1",以及当前国内外经常采用的对位联防。

(二)各种形式联防的特点

1. 队形

(1)优点

队员分布均匀,各位置队员之间便于协防,便于变换防守队形和控制腹地,有利于抢后场篮板球和发动快攻，是区域联防的基本形式。

（2）缺点

弧顶一带、限制区两侧和两底角以及篮下是防守的薄弱地区。

2."2-3"队形

（1）优点

加强了篮下和底线队员的防守，有利于抢后场篮板球。

（2）缺点

限制区两侧和弧顶是防守的薄弱地区。

3."3-2"队形（也称"1-2-2"联防）

（1）优点

加强了外围和远投的防守，可为外线抢断球打反击创造机会。

（2）缺点

腹地和两侧、两底角是防守的薄弱地区。

4."1-3-1"队形

（1）优点

加强了弧顶罚球线一带和两侧的防守，可分割进攻队前、后、左、右的联系，特别是外围向前锋队员传球较困难。

（2）缺点

两底角和篮的两侧是防守的薄弱地区。

5. 对位联防

固定形式的联防，已经不能适应当前防守的需要。随着进攻技术的提高，投篮更加准确，移动更加频繁，固定形式的联防，由于队员落位分布存在着薄弱环节，不能适应防守的需要，于是就出现了对位联防。

（1）什么是对位联防

对位联防是根据进攻队员的落位，确定对应的落位队形，一名防守队员人盯人对准一名进攻队员，当进攻队员位置变化时，防守队也以同样的队形变化队员的位置，形成一对一的对位防守局面，并按一定的防守原则，协同防守的区域防守形式。

（2）对位联防的特点

按进攻队形落位，一名防守队员对准一名进攻队员。当进攻队员穿插移动换位时，防守队员采用轮转式的换人方法。有时有些队还带有紧逼、夹击等综合防守的性质，在运用时十分灵活。

六、区域联防的方法

（一）"2-1-2"区域联防

"2-1-2"阵型，队员分布均衡，移动距离近，有利于协防和调整阵型，较适用于防守正面突破和篮下进攻威力较大的对手，但防守两腰共管区域和圈顶的投篮较困难。

（二）"2-3"区域联防

"2-3"区域联防各位置的队员应具备的条件应与"2-1-2"区域联防基本相同。

（三）"3-2"区域联防

"3-2"区域联防各位置队员应具备的条件。突前防守的队员，应是快速、灵活、善于抢断球和反击的队员。在篮下两侧的队员应是身材高大、善于在内线防守，并具有抢篮板球和发动快攻的能力。

（四）"1-3-1"区域联防

这种防守队形加强了正面、罚球区和两侧的防守，有利于分割进攻队员前、后、左、右之间的联系，造成进攻队员之间传接球的困难，有利于防止正面、罚球区和两侧的投篮和抢篮板球发动快攻。

（五）区域联防的队形变化

由于受区域分工限制，每一种区域联防都存在一定的薄弱地区。在比赛中，进攻队总是采用插空落位的进攻队形，占据区域联防的薄弱地区。以便在局部地区以多打少，使防守处于被动局面。所以，任何固定队形的区域联防都不能适应当前比赛的要求。随着篮球运动的发展，区域联防逐渐从单一的、固定的防守队形向着综合多变的方向发展，形成"一对一"对位区域联防，它既可以加强防守的针对性，又可以避免对方在薄弱地区以多打少。尽管区域联防队形变化有多种多样，但是在实践中经常采用的有以下两种方法：第一种，以中锋为轴轮转换位变化队形；第二种，防守队员上下移动变化队形。

七、区域联防的运用

（一）区域联防的运用时机

（1）对方外围中、远距离投篮不准，而内线威胁较大。（2）对方频繁地采用穿插移动和运球突破，本队个人防守技术较差或犯规较多。（3）为了使对方不适应，有策略地改变防守战术时。（4）为了加强组织抢篮板球和发动快攻。

（二）运用区域联防时应注意的问题

（1）由进攻转入防守时，防守队员应立即在前场干扰对方的传接球，控制对方的进攻速度，制约其发动快攻后，迅速退回后场，站好区域联防队形。（2）应针对进攻队形，采用相应的防守队形，避免进攻队在局部地区以多打少。（3）在各个防守区域之间，防守队员要相互呼应，协同防守，避免在两防守队员之间由于职责不清而产生防守漏洞。

八、区域联防的教学与训练建议

（1）区域联防教学应安排在人盯人防守及进攻人盯人防守之后进行，并与防快攻紧密结合。（2）教学中，首先让队员掌握区域联防的基本原理，明确各种防守阵形、战术特点及作用。（3）以"2-1-2"区域联防为教学和训练的重点内容，在此基础上学习其他的防守阵型。（4）先进行分解练习，待局部配合熟练后，再过渡到完整练习。（5）在练习中，先做随球移动的选位练习，然后进攻队员移动的情况下练习如何防守持球队员的投篮、突破、传球，如何防守无球队员的背插、溜底线以及"关门"配合等，最后通过教学比赛巩固和提高战术质量。

第八节 进攻区域联防

一、进攻区域联防的特点

（1）由防守转入进攻时，应首先争取快攻，趁对方立足未稳尚未组织好防守之前进行攻击。（2）根据对方区域联防队形，采用针对性落位队形，组织对薄弱地区的攻击。（3）运用传球转移，中远距离投篮等进攻技术。通过"人动""球动"打乱对方防守队形。运用声东击西、内外结合、以多打少等方法，创造投篮机会进行攻击。（4）要组织拼抢篮板球，争夺二次进攻机会，同时还要保持攻守平衡，准备及时退防。

二、进攻区域联防战术的基本要求

（1）进攻区域联防的有效方法就是争取打快攻，使防守者形不成联防的阵势。（2）当对方形成联防阵势时，应根据其防守队形采取插空落位的进攻队形。（3）进攻时应运用快速的传球，调动防守，创造进攻机会。（4）进攻时，运用各种配合或穿插移动，打乱对方的队形，造成局部的以多打少，创造投篮机会。（5）准确的中、远距离投篮机会，大胆果断地进行中、远距离投篮。（6）把争夺前场篮板球组织到进攻战术中，争取二次进攻机会，同时还应注意保持攻守平衡。

三、进攻区域联防战术队形

进攻区域联防的战术队形常用的有以下几种:"3-1"队形、"1-2-2"队形、"2-2-1"队形、"2-3"队形。

四、进攻区域联防的队形变化

进攻区域联防的队形是针对区域联防队形而采用插空的站位,占据防守的薄弱地区;而区域联防则总是企图采用与进攻对位的区域联防队形,从而避免防守的薄弱地区。随着篮球运动的发展,进攻区域联防队形逐渐从单一的、固定的向着综合多变的方向发展。在比赛中针对防守队形的变化而变化。力争在区域联防的局部地区内,形成以多打少的有利局面,创造进攻机会。

五、进攻区域联防的练习方法

在一般防守的条件下,进攻队按照战术队形和配合方法,运用传接球和穿插移动,调动防守,在局部地区内,创造以多打少的进攻机会。主要是熟悉进攻配合方法,掌握投篮时机,暂不要求投篮。在积极防守的条件下,要使进攻队员掌握进攻的节奏,采用声东击西、内外结合的进攻策略,创造更好的投篮机会。

六、进攻区域联防战术的教学建议

(1)在教学中应以队形的进攻方法为重点教材。(2)首先讲解清楚攻守联防的完整战术方法、落位队形、移动路线、攻击机会、战术变化,以及如何组织抢篮板球和攻守平衡,使队员获得完整的战术概念。(3)为了便于掌握进攻区域联防战术,应将进攻区域联防战术中的主要配合进行分解练习,在配合中提高队员灵活运用技术的能力,在以多打少的情况下,掌握进攻时机。(4)在全队练习时,先练习运用传接球调动防守,创造以多打少的机会,再练穿插移动,最后练习传接球与穿插移动的配合。先在消极防守的条件下,后在积极防守的条件下进行练习。(5)在掌握进攻区域联防之后,应把快攻与阵地进攻结合起来进行全场练习,使队员能迅速地站好进攻队形,有步骤地发动进攻。(6)在熟练掌握一种进攻区域联防战术方法的基础上,学习进攻区域联防的战术变化,通过比赛巩固和提高进攻区域联防的战术质量。

参考文献

[1] 张伟, 肖丰. 高校篮球运动教学理论与方法研究 [M]. 北京：新华出版社, 2019.

[2] 朱亚男. 高校篮球运动教学与训练研究 [M]. 北京：九州出版社, 2017.

[3] 任金锁, 李昂. 高校篮球运动教学与训练研究 [M]. 长春：吉林大学出版社, 2018.

[4] 贺成华, 陈清, 夏重华. 高校篮球运动教学与训练 [M]. 北京：九州出版社, 2018.

[5] 范丽霞. 现代高校篮球运动与教学研究 [M]. 长春：吉林大学出版社, 2018.

[6] 朱明江. 高校篮球运动教学开展的理论与实践 [M]. 北京：中国水利水电出版社, 2017.

[7] 战迅, 王新青. 现代高校篮球运动教学的内容设置与研究 [M]. 背景：科瀚伟业教育科技有限公司, 2018.

[8] 李勇. 高校篮球运动教学与训练发展研究 [M]. 长春：吉林出版集团股份有限公司, 2016.

[9] 杨杨. 新形势下高校篮球运动的教学理论与实践研究 [M]. 北京：九州出版社, 2018.

[10] 于建营. 高校篮球运动教学体系分析与创新研究 [M]. 北京：中国商业出版社, 2017.

[11] 卢文超. 高校篮球运动教学与战略训练 [M]. 北京：九州出版社, 2017.

[12] 罗君波, 李政洪. 现代高校篮球运动教学的创新性研究 [M]. 长春：吉林大学出版社, 2016.

[13] 冯俊祥. 高校篮球运动教学训练管理研究 [M]. 北京：中国书籍出版社, 2018.

[14] 丛向辉. 高校篮球运动开展研究与教学创新 [M]. 北京：中国纺织出版社, 2019.

[15] 高峰. 现代高校篮球运动及其教学实践分析 [M]. 北京：中国纺织出版社, 2018.

[16] 王时锐. 高校篮球运动文化与课程教学训练研究 [M]. 长春：吉林大学出版社, 2017.

[17] 李承维. 篮球运动教学与训练 [M]. 武汉：华中科技大学出版社，2018.

[18] 谭晓伟，岳抑波. 高校篮球教学开展的理论与实践研究 [M]. 长春：吉林人民出版社，2018.

[19] 蒋志华. 高效篮球课程研究与技术教学方法 [M]. 成都：电子科技大学出版社，2016.

[20] 王建永. 高校学术文库体育研究论著丛刊学校篮球运动理论与发展体系研究 [M]. 北京：中国书籍出版社，2019.

[21] 宋良忠. 产生式系统理论与篮球课程改革 [M]. 沈阳：辽宁大学出版社，2018.

[22] 孙民治，王家宏，姜立嘉. 篮球:运动系普修 [M]. 北京:北京体育大学出版社，2017.

[23] 何小军. 大学体育与健康篮球选项教程 [M]. 成都：西南交通大学出版社，2018.

[24] 黄德星. 篮球训练执教方略 [M]. 昆明：云南大学出版社，2018.

[25] 郭舰洋，路峰，王蕾. 篮球高校运动教学理论与实践研究 [M]. 长春：东北师范大学出版社，2017.

[26] 吕德忠. 高校现代篮球运动教学与训练 [M]. 北京：北京体育大学出版社，2018.

[27] 王振涛. 篮球教学理论与应用研究 [M]. 北京：中国书籍出版社，2017.

[28] 张海利，张海军. 现代高校篮球教学理论与方法研究 [M]. 北京：新华出版社，2018.

[29] 刘云民，王恒. 篮球教学与训练 [M]. 哈尔滨：哈尔滨工程大学出版社，2017.

[30] 刘学奎，刘彬，李斌. 篮球运动教育教程 [M]. 长春：吉林大学出版社，2017.

[31] 杨照亮. 基于体育强国背景下现代篮球运动的教学与训练研究 [M]. 长春：东北师范大学出版社，2018.

[32] 孙月舟，胡长居. 篮球训练与规则 [M]. 成都：电子科技大学出版社，2019.